***ACCESO GRATIS** a la Lectura en la Nube*

Para visualizar el libro electrónico en la nube de lectura envíe junto a su nombre y apellidos una fotografía del código de barras situado en la contraportada del libro y otra del ticket de compra a la dirección:

ebooktirant@tirant.com

En un máximo de 72 horas laborales le enviaremos el código de acceso con sus instrucciones.

MATERIALES DIDÁCTICOS Y DE COORDINACIÓN INTERDISCIPLINAR DE ASIGNATURAS EN EL DOBLE GRADO EN DERECHO Y FILOSOFÍA

MATERIALES DIDÁCTICOS Y DE COORDINACIÓN INTERDISCIPLINAR DE ASIGNATURAS EN EL DOBLE GRADO EN DERECHO Y FILOSOFÍA

Inmaculada Marín Alonso
María de Paz
Editoras

tirant lo blanch
Valencia, 2024

En caso de erratas y actualizaciones, la Editorial Tirant lo Blanch publicará la pertinente corrección en la página web www.tirant.com.

EDITA: TIRANT LO BLANCH
C/ Artes Gráficas, 14 - 46010 - Valencia
TELFS.: 96/361 00 48 - 50
FAX: 96/369 41 51
Email: tlb@tirant.com
www.tirant.com
Librería virtual: www.tirant.es
DEPÓSITO LEGAL: V-2069-2024
ISBN: 978-84-1071-267-6
MAQUETA: Innovatext

Si tiene alguna queja o sugerencia, envíenos un mail a: *atencioncliente@tirant.com*. En caso de no ser atendida su sugerencia, por favor, lea en *www.tirant.net/index.php/empresa/politicas-de-empresa* nuestro procedimiento de quejas.

Responsabilidad Social Corporativa: http://www.tirant.net/Docs/RSCTirant.pdf

Jara Bocanegra Márquez

Cristina Barés Gómez

Alicia María de Mingo Rodríguez

María de Paz

Matthieu Fontaine

Antonio Gutiérrez Pozo

Fernando Llano Alonso

Inmaculada Marín Alonso

Jesús Navarro

Carmen Requejo Conde

Francisco Rodríguez Valls

Nolo Ruiz

Ignacio Vieira

Índice

LA ASIGNATURA DE DERECHO PENAL. PARTE ESPECIAL II EN EL DOBLE GRADO EN DERECHO Y FILOSOFÍA
Jara Bocanegra Márquez

PERSPECTIVA FILOSÓFICA

LA ASIGNATURA DE TEORÍA DEL CONOCIMIENTO II EN EL DOBLE GRADO EN DERECHO Y FILOSOFÍA
Jesús Navarro

LA ASIGNATURA DE ANTROPOLOGÍA FILOSÓFICA EN EL DOBLE GRADO EN DERECHO Y FILOSOFÍA
Francisco Rodríguez Valls

Introducción

María de Paz
Inmaculada Marín Alonso

Este volumen colectivo es el resultado del proyecto de innovación y mejora docente "Materiales didácticos y coordinación interdisciplinar de las asignaturas del Doble Grado en Derecho y Filosofía", financiado por la convocatoria de actuaciones de "Apoyo e Innovación Docente" (Convocatoria 2023-24., Ref.221) del IV Plan Propio de Docencia de la Universidad de Sevilla. Ha sido llevado a cabo durante el curso 2023/2024 por miembros de las áreas de conocimiento de Derecho y Filosofía adscritos a las Facultades de Derecho y de Filosofía de la Universidad de Sevilla.

El proyecto tenía por objetivo la elaboración de material didáctico para las asignaturas del Doble Grado en Derecho y Filosofía, un itinerario curricular que lleva ya cuatro cursos funcionando y sobre el cual no se había realizado hasta ahora ningún proyecto de innovación. En último término lo que se ha pretendido ha sido emprender un balance de la docencia impartida en esta doble titulación a lo largo de los cursos que lleva impartiéndose, para detectar posibles deficiencias en la coordinación entre las asignaturas o en la adaptación del material docente al perfil del alumnado, así como para proponer modificaciones didácticas o de contenido que puedan resultar útiles para la mejora de la calidad docente de este joven título. Al mismo tiempo, creamos con el proyecto una red de colaboración de docentes implicados en la doble titulación que permitirá plantear también, de cara al futuro, nuevos proyectos de innovación, así como otro tipo de actividades complementarias que beneficien el buen funcionamiento del título y que impulse propuestas de innovación docente, de investigación y de formación del alumnado en general.

En este proyecto, el profesorado responsable de la materia elegida ha elaborado un artículo de extensión limitada, relativo a una o varias asignaturas de su área de conocimiento, en la que se informa de los autores, obras, temas, conceptos y cuestiones prácticas más importantes para el estudio del alumno. Igualmente, varios de los autores han hecho un esfuerzo por poner de manifiesto aspectos específicos interdisciplinares entre el derecho y la filosofía. Además, en varios de los capítulos se presenta un análisis de las fortalezas y debilidades detectadas hasta ahora en el contexto del Doble Grado en Derecho y Filosofía con una clara intención de destacar aquellas particularidades que resultan positivas en esta joven titulación y aquellas que convendría mejorar con el propósito de ofrecer al alumnado una formación lo más adecuada posible.

De esta forma, además de suponer un material de orientación al alumnado, que en ningún modo sustituye los proyectos y programas docentes, ni el contenido de las clases, los capítulos aquí presentados aspiran a facilitar a los docentes o equipos docentes la coordinación horizontal y vertical del título. Al ser una doble titulación que implica departamentos y docentes de distintas facultades, confiamos en que este material servirá también para impulsar acciones de mejora desde los equipos directivos de ambos centros encaminadas igualmente a la calidad y a la innovación docente.

Por último, queremos agradecer la participación en la coordinación de este proyecto de la profesora Inmaculada Murcia, quien coordinó la parte relativa a la Facultad de Filosofía como Vicedecana de Calidad e Innovación Docente hasta su toma de posesión como Decana de la Facultad de Filosofía en febrero de 2024.

PERSPECTIVA JURÍDICA

La asignatura de filosofía del derecho en el doble grado en derecho y filosofía

Fernando Llano Alonso
Catedrático de Universidad
Decano de la Facultad de Derecho

1. JUSTIFICACIÓN DE LA ASIGNATURA DE FILOSOFÍA DEL DERECHO

La asignatura de Filosofía del Derecho, como ya se ha comentado, se contempla en el Programa desde una perspectiva tetradimensional y experiencialista de la realidad jurídica. En relación con este planteamiento, es preciso señalar que la teoría de la experiencia jurídica, que ha sido defendida por autores como Giuseppe Capograssi, Georges Gurtvitch, o Guido Fassò, no puede ser asimilada en una concepción holística del Derecho, puesto que no pretende soslayar la pluralidad de enfoques que existen en torno al mismo, sino que, por el contrario, reconoce la simultánea complicación de sus múltiples dimensiones. La teoría de la experiencia jurídica no es tampoco un mero sincretismo, puesto que no pretende engarzar arbitrariamente los múltiples aspectos en que se divide el Derecho, sino que se propone tan sólo ser un factor que contribuya a fundamentar y explicar los distintos elementos que lo integran. Tampoco se identifica con el eclecticismo porque no es su intención armonizar mecánicamente las diversas dimensiones y concepciones del Derecho, sino articularlas en la dialéctica de su continua realización e interdependencia en el tiempo. Por último, la teoría de la experiencia jurídica no es idéntica a la de la integración, ya que, si bien es cierto que las dos poseen una percepción omnicomprensiva del Derecho, la teoría integracionista evoca concomitancias indeseables con el integrismo, de ahí que resulte adecuado apelar a una concepción más abierta y plural como la Teoría de la experiencia jurídica.

En conclusión, del mismo modo que se ha venido hablando de unas dimensiones jurídicas como el hecho social, la norma y el valor, cuyos principios caracterizadores son la eficacia, la validez en cuanto legalidad y la justicia en cuanto legitimidad, siendo sus disciplinas de estudio correspondientes la Sociología jurídica, la Dogmática jurídica y la Filosofía del Derecho o el Derecho natural, habría que tener en cuenta una cuarta dimensión en la que se considerase la historia, cuyo principio legitimador sería el estudio del Derecho en diacronía, el cual tendría además una disciplina de estudio específica que estaría representada por la Historia de la Filosofía del Derecho.

A este carácter pluridimensional y experiencialista de la Filosofía del Derecho responde precisamente la estructura y el enfoque de los temas que vertebran el Programa de esta asignatura.

2. METODOLOGÍA

2.1. La lección magistral

Una vez descrito el proyecto docente de Filosofía del Derecho, y tras haber explicado la estructura del programa de ambas asignaturas, quisiera hacer una breve referencia a la metodología que utilizo para la enseñanza de una disciplina que considero fundamental en el periodo de formación de los estudiantes que en el futuro se convertirán en profesionales del Derecho. A este respecto, como profesor universitario, y como docente de la Teoría y la Filosofía del Derecho, son muy inspiradoras para mí las palabras de reconocimiento y gratitud dedicadas por George Steiner a los sabios consejos y la orientación recibida de sus maestros:

> "La necesidad de transmitir conocimientos y habilidades, el deseo de adquirirlos, son una constante de la condición humana. El magisterio y el aprendizaje, la instrucción y su adquisición, tienen que continuar mientras existan las sociedades".

A propósito de la importancia de la lección magistral en el aprendizaje del Derecho, Marco Tulio Cicerón, quien —según Plutarco— fue uno de los más grandes oradores de la Antigüedad junto a Demóstenes, destacó la importancia que tiene enseñar el Derecho con elocuencia. En efecto, a simple vista, para enseñar leyes (Derecho), tanto en tiempos del Arpinate como en el nuestro, bastaría con reunir formalmente los requisitos legales para ser docente, conocer mínimamente el Derecho y la preparación de la clase; es cierto que estos requisitos tan elementales podrían ser, en principio, fácilmente cumplidos tanto por el profesor vocacional como por el ocasional, pues no suele ser un hecho aislado que algunos profesores circunstanciales, a los que se les encarga temporalmente la docencia de un curso durante un cuatrimestre, se apoyen exclusivamente en la lectura del manual al uso de la asignatura y en el consiguiente dictado de sus apuntes de clase. Por eso, estimo que debemos diferenciar el dictado literal de una clase de una genuina lección magistral, precisamente para no confundir la clase magistral con una simple metodología docente unidireccional.

A mi modo de ver, el profesor genuino es capaz de enseñar Derecho con elocuencia, no limitándose exclusivamente a la memorización de artículos o de definiciones doctrinales, como si de un opositor a notaría o judicatura se tratase, sino preocupándose además de adquirir unas mínimas capacidades oratorias, esmerándose en transmitir con *elocuencia* (more *ciceroniano*) la asignatura a sus alumnos, y comunicar con ellos a través de recursos pedagógicos como la estimulación a través de ejemplos, preguntando sobre dichos ejemplos o supuestos prácticos, intercambiando pareceres, escuchando con sentido de la tolerancia y, finalmente, aconsejando con prudencia para ayudarles a perfeccionar su conocimiento del temario (*De oratore*, 144).

Hoy en día la enseñanza del Derecho dirigida a los universitarios continúa siendo fiel al modelo de la lección magistral, cuyo paradigma responde a una cuidada exposición oral y una minuciosa preparación de las clases, actividad que en Alemania se denomina *Vorlesung*, porque en ella es fundamental la elaboración razonada preliminar de la lección que el profesor deba impartir. La explicación del temario del programa ha de estar sometida a un continuo *aggiornamento* en el que el filósofo-docente suprima todos aquellos contenidos que contribuyan a confundir al alumno en el aprendizaje de la asignatura, por eso conviene evitar el mero acopio de datos, citas bibliográficas o definiciones doctrinales que solo sirven para propiciar una actitud pasiva de los alumnos. Naturalmente, la sencillez y la claridad de la docencia no tiene por qué ir en detrimento de su calidad, sobre todo si con ello se consigue hacer llegar nuestra disciplina a quien por vez primera se interna en sus principales contenidos. Como es lógico, nada hay que impida al profesor de Filosofía del Derecho manifestar y defender razonadamente su punto de vista en algunas cuestiones del temario en las que esté especializado o, simplemente, interesado, aunque ello no le faculta para velar a sus alumnos la visión completa del asunto que se aborde en clase.

2.2. *Actividades complementarias a la lección magistral*

Entre los materiales complementarios a la lección magistral creo que es conveniente aprovechar, en primer lugar, la toma de apuntes (que no deben ser confundidos con un simple dictado, sino entendidos como un borrador al que se transfieren las principales ideas y enseñanzas de la lección del día, de manera esquemática, racionalizada y actualizada); en segundo lugar, estimo oportuno contar con un manual de apoyo que sirva como fuente de información directa a la que los alumnos puedan acudir para contrastar objetivamente la calidad de los apuntes tomados en clase. La lección magistral está pensada para una explicación oral, por lo que incluso habiéndose impartido con la preparación y el cuidado a los que se ha aludido anteriormente, en ningún caso alcanza el nivel de detalle ni la perfección de un texto bien escrito con las notas y el apoyo bibliográfico que puede llegar a tener un manual; por último, en tercer lugar, a propósito de la búsqueda de materiales complementarios a la lección magistral, me parece recomendable el recurso a obras de clásicos del pensamiento con los que enseñar a los alumnos a comprender mejor y reflexionar en torno a las grandes cuestiones ético-jurídicas a las que han debido enfrentarse los juristas a lo largo de la historia (temas que no son contingentes sino permanentes y que precisan de un estudio iusfilosófico del Derecho en diacronía, en consonancia con su dimensión histórica).

Una vez descrito el proyecto docente de Filosofía del Derecho, y tras haber explicado la estructura del programa de la asignatura, quisiera hacer una breve referencia a la metodología que utilizo para la enseñanza de una disciplina que considero fundamental en el periodo de formación de los estudiantes que en el futuro se convertirán en profesionales del Derecho.

El hecho de que nos manifestemos a favor de la lección magistral no implica que ignoremos otras actividades complementarias que podrían compartirse por el profesor y los alumnos, y que, a buen seguro, supondrían no sólo una mejora de los medios didácticos puestos a su disposición, sino también una ostensible multiplicación de los cauces comunicativos que median entre el docente y los estudiantes. A falta de una mayor dotación económica que posibilite a las universidades beneficiarse de la actual proliferación de medios audiovisuales e informáticos, a fin de llevar a cabo un seguimiento individualizado de la progresión experimentada por cada alumno a lo largo del curso académico, recurriendo a fórmulas tan eficientes y exactas como el autoexamen, programa experimental que permite al estudiante saber a ciencia cierta cuál es su índice de conocimiento de la asignatura, dónde radican sus principales lagunas o en qué puntos del programa es preciso trabajar con más insistencia para lograr una percepción global de la asignatura que sea lo suficientemente satisfactoria.

La primera actividad complementaria estaría constituida por la organización de seminarios y grupos de debate que estarían coordinados por los propios estudiantes. Su objetivo básico sería el de discutir aquellas partes del programa (por ejemplo la concerniente a los derechos humanos, a los diversos casos de desobediencia del Derecho, o a los vínculos que ligan al Derecho con la Moral o la Política, etc.) que por su interés o utilidad práctica sirvan de aliciente primero a la investigación, después al razonamiento jurídico y, por último, a la argumentación de los planteamientos que se defiendan en los debates o coloquios que se realicen. Los propios alumnos serían los encargados de organizar mesas de trabajo que, con el fin de familiarizarse con la práctica forense, redactaran informes en los que se recabaran los puntos iniciales y finales que cada comisión hubiera mantenido durante la celebración de dichas sesiones.

Comentarios de texto y exposición de temas propuestos por los alumnos en relación con el programa que, previamente hayan sido concertados con el profesor. El objetivo de estos trabajos, que tendrían carácter voluntario, sería el de facilitar a aquellos estudiantes interesados en profundizar su conocimiento de la asignatura y en habituarse a la dinámica del discurso argumentativo (considérese que el jurista desarrolla muchas de sus funciones profesionales mediante intervenciones en actos público, como por ejemplo el proceso). Tanto esta actividad como la anterior tendrían la virtud de acercar a la realidad del presente problemas o cuestiones hasta ahora aisladas en la atalaya de la Ciencia jurídica. Paralelamente, el profesor tendría más posibilidades de seguir individualmente el progreso de cada alumno en esta asignatura.

Pruebas escritas, de carácter periódico, voluntario y con la posibilidad de eliminar materia objeto de examen parcial y final (sumados en su conjunto, estos controles regulares integran el total de las lecciones que de forma global serán objeto de examen en los parciales y el final de repesca). En este tipo de prueba opcional se efectuarán preguntas cortas o un breve test, en el que se pida al alumno que demuestre su conocimiento del temario que se haya explicado o discutido en clase hasta ese instante. Dicho ejercicio tendría la ventaja de eximir, en caso de que se superen todos estos controles, a aquellos estudiantes que se preocupan de llevar adelante una preparación diaria de la asignatura de concurrir a las pruebas parciales y finales, en las que es muy probable que se puedan combinar la aleatoriedad o muchas otras contingencias negativas que no reflejen con justicia la real preparación del examinando.

Los exámenes, dos parciales y un final de repesca, con carácter eliminatorio para el de recuperación que se convoca en el mes de julio, en el supuesto de que se apruebe sólo uno de los dos parciales, podrán realizarse de dos formas diversas:

En primer lugar, se propondría a los alumnos que así lo deseen una entrevista oral a mitad y a finales de curso. Esta modalidad permitiría al examinador y al examinando, que, reiteramos, se presentaría a esta prueba voluntariamente, conversar de modo sosegado acerca de la parte de la asignatura que se haya explicado o de su visión global, si se trata de un ejercicio final. Esta prueba ayudaría además a aliviar y evitar las típicas situaciones de saturación de trabajo, acumulación de nervios y de clima crispado que suele percibirse en época de exámenes.

Junto a la prueba oral voluntaria, existe también otra alternativa, esta vez con carácter obligatorio, para aquellos que decidan demostrar su nivel de conocimiento a través de una prueba mixta: mitad tipo test y mitad escrita. En la primera parte del ejercicio, el alumno respondería a un número de cuestiones tipo test, no superior a cincuenta y no inferior a cuarenta, que, lógicamente, estuvieran inspiradas en el contenido del programa. A continuación, se les propondrían varias preguntas teóricas para que eligieran dos, representativas en todo caso del temario objeto de examen. La parte correspondiente al test equivaldría al 50% de la nota global, y cada una de las preguntas teóricas, supondrían un 25% de la misma. Los trabajos personales (ponencias, intervenciones en grupos de trabajo, comentarios de textos, etc.) serían valorados con una bonificación que podrían alcanzar hasta un punto ponderable con la calificación final que obtenga el alumno.

3. PROGRAMA DE FILOSOFÍA DEL DERECHO DETALLADO

Tema 1: El concepto de Filosofía del Derecho

1.1. La noción de Filosofía del Derecho como problema conceptual

1.1.1. ¿Qué es Filosofía?

1.1.2. ¿Qué es Derecho?

1.1.3. Acepciones subjetiva y objetiva del término “Filosofía del Derecho”

1.2. La Filosofía del Derecho: génesis y desarrollo histórico

1.3. Filosofía del Derecho y experiencia jurídica

1.4. Definición sistemática

Tema 2: La Filosofía del Derecho como disciplina filosófica

2.1. La Filosofía del Derecho como Ontología jurídica

2.2. La Filosofía del Derecho como Gnoseología jurídica

2.3. La Filosofía del Derecho como Deontología jurídica

2.4. Fines y estructura temática de la Filosofía del Derecho: el tridimensionalismo

Tema 3: La Filosofía del Derecho y las ciencias jurídicas

3.1. Introducción

3.2. Filosofía del Derecho y Dogmática jurídica

3.3. Filosofía del Derecho y Derecho comparado

3.4. Filosofía del Derecho e Historia del Derecho

3.5. Filosofía del Derecho y Sociología jurídica

3.6. La Filosofía de la experiencia jurídica como interpretación de los saberes filosóficos y científicos en torno al Derecho

II. HISTORIA DE LA FILOSOFÍA DEL DERECHO

Tema 4: La Filosofía del Derecho en la Antigua Grecia

4.1. El pensamiento presocrático y los problemas ético-jurídicos

4.1.1. La idea de justicia en Homero y Hesíodo

4.1.2. Demócrito: el principio de interioridad de la ley moral

4.1.3. Las "leyes no escritas" en la tragedia de Sófocles

4.2. La Sofística

4.2.1. "Justo por naturaleza" y "justo por ley"

4.2.2. "Un debate teórico suscitado por la Sofística: iusnaturalismo e iuspositivismo jurídico

4.2.3. Acentos contractualísticos de la Sofística

4.3. Sócrates y los socráticos

4.3.1. El espíritu socrático

4.3.2. La ética del perfeccionamiento interior

4.3.3. La ciudad y sus leyes

4.3.4. El valor de las leyes

4.3.5. Escuelas socráticas menores. Los cirenaicos

4.3.6. Los cínicos

Tema 5: Platón y la Academia

5.1. La teoría de las ideas

5.2. La justicia en el individuo y la sociedad

5.3. Ley, Derecho y formas de gobierno en la República

5.4. La soberanía de las leyes

5.5. La ley como instrumento ético

Tema 6: Aristóteles y el Liceo

6.1. La justicia y sus clases

6.2. La equidad

6.3. Las leyes, el Estado y las formas de gobierno

6.4. La Política

- 6.4.1. El hombre como animal político
- 6.4.2. Sociedad civil y esclavitud
- 6.4.3. La pólis y su Derecho
- 6.4.4. El Liceo: Teofrasto y Dicearco

Tema 7: El período helenístico

7.1. La escuela peripatética

7.2. El estoicismo

- 7.2.1. Naturaleza, razón y ley
- 7.2.2. El universalismo estoico

7.3. El epicureísmo

- 7.3.1. Epicuro
- 7.3.2. Lucrecio
- 7.3.3. Mecanicismo y atomismo en la naturaleza y la sociedad

7.4. El escepticismo académico. Carneades

7.5. Crisis de la Filosofía griega

Tema 8: La Filosofía del Derecho en Roma

8.1. El epicureísmo romano

8.2. El estoicismo romano

8.2.1. Cicerón

8.2.1.1. Justicia y Ley en Cicerón

8.2.1.2. Derecho en el pensamiento ciceroniano

8.2.1.3. Humanismo en Cicerón

8.2.1.4. La teoría de la res publica y su gobierno

8.2.2. El nuevo estoicismo

8.2.2.1. Séneca

8.2.2.2. Musonio Rufo

8.2.2.3. Epícteto

8.2.2.4. Marco Aurelio

8.3. La jurisprudencia romana

8.3.1. Los jurisconsultos clásicos

8.3.2. El Digesto. Especial referencia a Ulpiano

8.3.3. La justicia y los principios generales del Derecho

8.3.4. El concepto de ley y Derecho natural

Tema 9: El cristianismo primitivo y la Patrística

9.1. El mensaje evangélico

9.1.1. El Reino de Dios y la plenitud de la justicia

9.1.2. La ordenación temporal de la doctrina cristiana

9.2. La "Justicia" en el Antiguo y el Nuevo Testamento

9.3. La epístola de San Pablo a los romanos

9.4. Iglesia, sociedad y Derecho

9.5. La justicia en los escritos de los Padres de la Iglesia

9.5.1. Clemente de Alejandría

9.5.2. Orígenes

9.5.3. Lactancio

9.5.4. San Ambrosio

Tema 10: San Agustín

- 10.1. Del iusnaturalismo racionalista al voluntarismo jurídico: la polémica doctrinal con Pelagio
- 10.2. La Civitas Dei y la civitas terrena
- 10.3. La ley eterna, la ley natural y la ley humana
  - 10.3.1. Sociedad, política y justicia
  - 10.3.2. La república cristiana

Tema 11: La Escolástica en la Edad Media

- 11.1. La Alta Edad Media. Especial mención a San Isidoro de Sevilla
- 11.2. El naturalismo platónico
- 11.3. El aristotelismo de San Alberto Magno
- 11.4. Santo Tomás de Aquino
  - 11.4.1. Ley y razón
    - 11.4.1.1. Lex aeterna y lex naturalis
    - 11.4.1.2. Lex divina
    - 11.4.1.3. Lex humana
  - 11.4.2. Justicia, equidad y bien común
- 11.5. La Escolástica franciscana
  - 11.5.1. San Buenaventura
  - 11.5.2. Duns Escoto
  - 11.5.3. Bacon
  - 11.5.4. Lulio

Tema 12: Etica, Política y Derecho en la Baja Edad Media

- 12.1. Escritores políticos y juristas de los siglos XIII y XIV
  - 12.1.1. Egidio Romano: *De regimine principium* y *De ecclesiastica potestate*
  - 12.1.2. Dante y la teoría del *Imperium mundi*
  - 12.1.3. Marsilio de Padua y el *Defensor pacis*
    - 12.1.3.1. La ley

12.1.3.2. El Derecho

12.1.3.3. La soberanía

12.1.4. Guillermo de Ockham

12.2. Nominalismo e intelectualismo en Gregorio de Rimini

12.3. La crisis del mundo medieval entre los siglos XIV y XV

12.3.1. Nicolás de Cusa y su teoría de la sociedad cristiana

12.3.2. El ockhamismo de Gabriel Biel

Tema 13: Renacimiento y Reforma

13.1. Ética, Política y Derecho en el Renacimiento

13.2. El humanismo: Erasmo, Moro y Vives

13.3. La autonomía de la política en El Príncipe de Maquiavelo

13.4. La Ciudad del sol o el Estado universal de Campanella

13.5. La Reforma protestante: Lutero, Zuinglio, Calvino y Melanchton

13.6. Ley y soberanía en la época de las guerras de religión

13.6.1. Los Seis libros de Bodino

13.6.2. Los monarcómacos: Altusio y Hotman

13.6.3. La escisión confesional y el problema de la tolerancia

13.6.4. Hubmaier, Franck y Castelión

Tema 14: Los clásicos españoles de la Filosofía del Derecho

14.1. ¿Existió una Escuela española del Derecho natural?

14.2. Las Controversias de Valladolid de 1550: Sepúlveda vs. Las Casas

14.3. El iusnaturalismo racionalista de Gabriel Vázquez

14.4. El iusnaturalismo voluntarista de Fernando Vázquez de Menchaca

14.5. El iusnaturalismo naturalista de Luis de Molina

14.6. El *ius communicationis* en Francisco de Vitoria

14.7. Francisco Suárez

14.8. El derecho de resistencia en Juan de Mariana

14.9. El control democrático del poder en Juan Roa Dávila

Tema 15: La doctrina del Derecho natural en el siglo XVII

15.1. Grocio

15.2. Adversarios y partidarios franceses del Derecho natural

15.2.1. Los libertinos. Gassendi

15.2.2. Pascal

15.2.3. Domat

15.3. Pufendorf

15.4. Leibniz

Tema:16 Hobbes y Spinoza: la Política como realidad autónoma y humana

16.1. Hobbes:El pesimismo antropológico: su concepción negativa del estado natural

16.2. De la ley natural a la del Estado absoluto: Leviathan

16.3. El pacto social

16.4. El iusnaturalismo y el positivismo jurídico en Hobbes

16.5. Spinoza: Estado y derechos individuales

16.6. El Derecho natural

16.7. Del estado natural al estado social

Tema 17: Absolutismo y constitucionalismo en la Inglaterra del siglo XVII

17.1. El absolutismo de Filmer

17.2. Los constitucionalistas ingleses

17.2.1. Hooker

17.2.2. Coke

17.2.3. Selden

17.2.4. Radicalismo político-social: los Levellers y el comunismo de los Diggers

17.2.5. Los republicanos: Milton y Harrington

17.2.6. La monarquía mixta de Halifax

17.2.7. Tyrrel y Sidney

17.2.8. Cumberland

Tema 18: Locke

18.1. El Derecho natural

18.1.1. Derecho natural en su etapa de juventud

18.1.2. Derecho natural en su etapa de madurez

18.2. El estado natural y el contrato social

18.3. La defensa de los derechos naturales

18.4. El derecho innato de la propiedad

Tema 19: El constitucionalismo americano

19.1. El contractualismo y sus orígenes puritanos

19.2. Las Declaraciones de derechos

19.3. El federalismo

Tema 20: El panorama iusfilosófico anglosajón en el siglo XVIII

20.1. Hume

20.2. Adam Smith

20.3. Blackstone y Burke: los conservadores

20.4. Price, Priestley, Paine, Spence, Godwin: los radicales

Tema 21: Los iusnaturalistas del Iluminismo

21.1. Thomasius

21.2. Buddeus y Eineccio

21.3. Barbeyrac

21.4. Wolff

21.5. Burlamaqui

21.6. Vattel

Tema 22: Vico y Montesquieu: la reacción frente al racionalismo

22.1. Vico: el Derecho natural de las gentes

22.2. Del *verum ipsum factum* al *certum est pars veri*

22.3. Montesquieu: El espíritu de las leyes

22.3.1. Teoría histórico-sociológica del Derecho

22.3.2. Teoría jurídico-politica

Tema 23: Rousseau

23.1. El estado de naturaleza

23.2. El contrato social y la voluntad general

23.3. Las formas de gobierno

23.4. La ley y el Derecho natural

Tema 24: Reformismo e Ilustración

24.1. De la apología a la crítica del Ancien Régime

24.1.1. Bossuet

24.1.2. Bayle

24.1.3. Voltaire

24.2. Los fisiócratas: principales representantes

24.2.1. Quesnay

24.2.2. Lemercier

24.2.3. Dupont

24.3. La Enciclopedia: Diderot y D'Alambert

24.4. Los materialistas: especial referencia a Helvetius y Holbach

24.5. El igualitarismo social: Morelly y Mably

24.6. El reformismo en otros países de tradición romámica

24.6.1. Muratori y Beccaria

24.6.2. Feijóo

24.6.3. Verney

Tema 25: El pensamiento iusfilosófico de la Revolución francesa

25.1. El siglo de las revoluciones

25.2. Condorcet y Mirabeau

25.2. Sieyes: El tercer estado

25.4. Babeuf: *El manifiesto de los iguales*

25.5. Los *Bills of Rights* americanos y su influencia en la *Declaración de los derechos del hombre y del ciudadano.*

Tema 26: Kant

26.1. Epistemología kantiana

26.2. Ética kantiana

26.3. Distinción entre Moral y Derecho

26.4. La coercibilidad del Derecho

26.5. El contrato originario

26.6. El Estado y sus fines

26.7. La república mundial como meta de la historia

Tema 27: Hegel

27.1. El sistema filosófico de Hegel

27.2. El espíritu objetivo

27.2.1. El derecho como primer momento del espíritu objetivo

27.2.2. La eticidad como el tercer momento del espíritu objetivo

27.3. El Estado

Tema 28: Las ideologías jurídico-políticas del siglo XIX (I): el nacionalismo

28.1. La rebelión de los intelectuales

28.2. Nacionalismo político

28.3. Nacionalismo cultural

Tema 29: Las ideologías jurídico-políticas del siglo XIX (II): el socialismo

29.1. Del iusnaturalismo al socialismo

29.2. La izquierda hegeliana: de Feuerbach a Marx

29.3. El materialismo histórico

29.4. El Derecho como elemento de la superestructura

29.5. El ideal de la sociedad justa

29.6. Teorías jurídicas socialistas: Lasalle, Menger y Renner

Tema 30: La Escuela histórica del Derecho. El utilitarismo

30.1. Los precursores del historicismo: Möser, Herder, Hugo

30.2. La polémica sobre la codificación: Thibaut y Savigny

34.2. El realismo jurídico escandinavo

34.2.1. Hägerström

34.2.2. Lundstedt

34.2.3. Olivecrona

34.3. Ross

Tema 35: La Filosofía del Derecho en el siglo XX

35.1. La crisis del positivismo jurídico: Del Vecchio

35.2. Perspectivas neohegelianas: Croce y Gentile

35.3. Perspectivas neokantianas: Windelband y Ravà

35.4. La concepción fenomenológica del Derecho

35.4.1. E. Husserl

35.4.2. Scheler, Hartmann, Schreier y Schapp

35.4.3. Reinach

35.4.4. G. Husserl

35.5. El iusnaturalismo tradicional

35.5.1. Stammler y la restauración del iusnaturalismo

35.5.2. Neotomismo en Cathrein

35.5.3. Maihofer

35.5.4. Welzel y Coing

35.5.5. Radbruch

35.5.6. El iusnaturalismo católico: Maritain y Villey

35.5.7. El iusnaturalismo protestante: Wolf y Ellul

35.5.8. El iusnaturalismo crítico de Guido Fassò

35.5.9. El iusnaturalismo en España

35.6.1. Kelsen

35.6.2. Hart

35.6.3. Bobbio

35.6.4. Dworkin

Bibliografía

Manual de Filosofía del derecho (Thomas Casadei y Gianfrancesco Zanetti), Tecnos, Madrid, 2023.

La asignatura de derecho del trabajo y de la seguridad social en el doble grado en derecho y filosofía

Inmaculada Marín Alonso
Catedrática de Universidad
Vicedecana de Calidad e Innovación Docente de la Facultad de Derecho

1. INTRODUCCIÓN: LA EXPLOSIÓN Y EXPANSIÓN DE LOS DOBLES GRADOS UNIVERSITARIOS

El proyecto de innovación docente que sustenta este estudio interdisciplinar ha sido impulsado desde los vicedecanatos de calidad e innovación docente de las facultades de Filosofía y Derecho con el deseo de aportar un instrumento de mejora del título a través del acercamiento a determinadas asignaturas que se imparten en el mismo. La finalidad principal es echar un vistazo a la organización docente de las asignaturas que se imparten en el doble grado, aportar materiales teórico-prácticos útiles para el estudio y realizar, en su caso, algunas acciones de mejora que redunden en beneficio de alumnos, profesorado y otros grupos de interés. El objetivo principal del proyecto es, por tanto, realizar un balance de la docencia impartida en esta doble titulación a lo largo de los cursos que lleva impartiéndose y, en su caso, poder detectar posibles deficiencias en la coordinación entre las asignaturas o en la adaptación del material docente al perfil del alumnado, sin perjuicio de poder proponer modificaciones didácticas o de contenido que puedan resultar útiles para la mejora de la calidad docente de este joven título.

Como objetivo secundario, aunque no por ello de menor interés, pretende evaluar no sólo la implementación del doble grado en Filosofía y Derecho de la Universidad de Sevilla sino, también, la consecución de determinados objetivos de calidad a través de la organización docente. Pero, antes de comenzar con el análisis y selección de los materiales docentes apropiados que reflejen los objetivos pretendidos por el proyecto docente de la asignatura de Derecho del Trabajo y de la Seguridad Social en el doble grado en Filosofía y Derecho, parece oportuno señalar algunas cuestiones de interés en el ámbito universitario que, de manera casi general, afectan a los estudios conjuntos. Para ello, me gustaría partir brevemente del marco en el que se han desenvuelto los dobles grados, es decir, el Marco Europeo de Educación Superior orientado a conseguir un proceso de convergencia entre los sistemas educativos universitarios de los países europeos para facilitar el intercambio de titulados y adaptar los estudios universitarios a las demandas del mercado. No obstante, pese a tan loable objetivo, el asentamiento del Plan Europeo de Enseñanza Superior, conocido como Plan Bolonia a consecuencia del lugar donde tuvo lugar la Declaración del mismo en 1999, ha sido considerado por el ámbito universitario como un revulsivo del sistema universitario español en lugar de una oportunidad de mejora del mismo, alejándolo así de la visión positiva que casi siempre conllevaba la idea de revolución[1] y del reto ilusionante que suponía para los miembros de la comunidad universitaria el compromiso con su progreso. La implantación del sistema europeo de créditos ECTS, la correspondiente sustitución de licenciaturas por grados y másteres o la potenciación de la investigación e innovación docente, entre otros objetivos, intentó hacerse efectiva, de manera sobrevenida, en un contexto de fuerte crisis económica y financiera que desembocó, pese a las posibles buenas intenciones iniciales, en un exceso de burocracia, la imposibilidad de aplicar la metodología docente deseada y un incremento notable de la carga de trabajo del profesorado.

En esta vorágine se impulsó, también, el desarrollo de dobles titulaciones nacionales e internacionales cuyo éxito expansivo se ha debido, principalmente, al menor coste que supone para las Universidades su creación —al utilizar los medios materiales y recursos personales ya existentes— que al diseño, planificación e implementación de grados más modernos adaptados a las necesidades sociales y empresariales y del mercado laboral y la empleabilidad. La oferta de dobles títulos a muy bajo coste o, incluso, a coste cero ha creado la ilusión de facilitar la captación de estudiantes y de ofrecer un plus al alumno. Para el curso 2022-2023, el sistema universitario español contaba con 89 Universidades —tres más que el curso anterior— de las que 50 son públicas y 39 privadas y disponía de 1.102 centros universitarios y 2.741 departamentos. Con esta estructura, las Universidades han ofertado 3.226 títulos de grado y 1.010 dobles grados[2].

La progresión de los dobles grados en España, a diferencia de lo ocurrido con otros países europeos, ha sido meteórica: en 2014, según datos del Ministerio de Educación, los dobles grados ascendían a 345; en 2016, eran

---

1 ARRABAL PARRILLA, JJ y FERNÁNDEZ CARRIÓN, R.: “Prólogo” al libro *Calidad de la docencia universitaria y encuestas: balance del plan Bolonia*, Laborum, págs. 12-13.

2 Véase la información del Ministerio de Universidades contenida en https://www.universidades.gob.es/wp-content/uploads/2023/03/Principales_resultados_EUCT_2022-FINAL.pdf

843 y, en 2019, alcanzaban los 1.080. Esta proliferación ha sido calificada por algún sector crítico como situación "fuera de control"[3], sobre todo porque los dobles grados no garantizan una mejor formación y presentan un problema de raíz y no de mera aplicación. Las programaciones conjuntas, de carácter doble e incluso triple, han llevado —y continúan haciéndolo— a importantes consecuencias para los estudiantes: en primer lugar, la prolongación de los años de estudios —en sentido contrario a lo deseado por el Plan Bolonia—; en segundo lugar, la formación superficial o incompleta en determinadas materias y, por último, la sustitución de la calidad por la cantidad, separándonos de los mejores sistemas universitarios internacionales. Es más, la sólida crítica a los títulos conjuntos llega a afirmar que "si uno quisiera montar un programa de grado de excelencia de verdad en España, los dobles grados no tendrían cabida en el mismo"[4].

En cualquier caso, el Observatorio del Sistema Universitario, centrado en las Universidades catalanas, señaló en su informe de 2019 que las Universidades, tanto públicas como privadas, habían caído en la trampa de diversificar la oferta de titulaciones para atraer más estudiantes, dando como resultado inesperado un incremento de costes y la trivialización de los estudios universitarios[5]. Es más, la amplia oferta de titulaciones no se acompasaba con el reducido número de estudiantes de nuevo ingreso, generando ello un problema en torno a la eficiencia del título. En 2018, el 27% de la oferta universitaria tenía menos de 40 estudiantes de nuevo ingreso[6]. Esta situación llevó a señalar al Secretario General de Universidades, Marius Rubiralta, que "el crecimiento de centros y estudios era un cáncer que no iba a ningún sitio"[7].

En la misma línea, Pedro Duque, Ministro de Ciencia, Innovación y Universidades de 2018 a 2020 realizó durante su mandato un intento fallido de reducción de carreras universitarias (8.500 títulos oficiales en 1.046 facultades y escuelas universitarias en ese momento)[8], aunque la realidad

---

3 Véase las reflexiones de FERNÁNDEZ VILLAVERDE, J. en https://nadaesgratis.es/fernandez-villaverde/los-doble-grados-una-idea-fuera-de-control

4 FERNÁNDEZ VILLAVERDE, J. en https://nadaesgratis.es/fernandez-villaverde/los-doble-grados-una-idea-fuera-de-control

5 https://www.observatoriuniversitari.org/es/2019/03/grados-universitarios-cuantos-y-cuales/4/

6 Véase la información publicada en https://www.elmundo.es/espana/2018/11/19/5bf30c2b46163ffb518b4682.html

7 Véase, entre otros, https://www.laopiniondemalaga.es/opinion/2010/06/11/broma-selectividad-28949495.html

8 https://www.elmundo.es/espana/2018/11/19/5bf30c2b46163ffb518b4682.html: también, https://www.lasprovincias.es/comunitat/limitacion-carreras-uni-

ha sido, sin embargo, otra: la inflación de títulos, la incoherencia y la falta de planificación adecuada de los estudios universitarios. Es por ello que la oferta de grados y dobles grados para el curso 2024-2025 sigue la tendencia expansiva tanto en las Universidades públicas como privadas[9], manteniendo la sensación de caos y dispersión. Entiendo, en tal sentido, que la reducción de títulos universitarios es una tarea pendiente de nuestro sistema universitario, debiendo ponerse freno a la creación de títulos de difícil justificación más allá de garantizar la supervivencia de algunos departamentos o simular la existencia de una importante oferta de títulos. No quiere decir ello que el doble grado en Filosofía y Derecho de la Universidad de Sevilla deba desaparecer, pero sí que habría que ponerlo en contexto para saber si la formación que ofrece y los medios con los que cuenta son adecuados con los objetivos del Marco Europeo de Educación Superior. En todo caso, el objetivo de este proyecto no responde a esa inquietud pues, por un lado, sólo ofrecería una visión necesariamente parcial al abordarse desde la perspectiva de una concreta asignatura: Derecho del Trabajo de la Seguridad Social y, por otro lado, la finalidad del mismo se centra en el mero acercamiento al proyecto docente de la mencionada asignatura y la aportación, en su caso, de materiales que faciliten el estudio.

2. EL DOBLE GRADO EN FILOSOFÍA Y DERECHO DE LA UNIVERSIDAD DE SEVILLA

Los dobles grados universitarios permiten combinar dos disciplinas distintas en un mismo programa, brindando a los estudiantes una formación más amplia —aunque, como se ha dicho antes, no necesariamente más completa—. En tal sentido, la combinación de dos titulaciones universitarias cursando una sola carrera otorga dos títulos universitarios, permitiendo cursar en un año adicional de estudios 300, 360 o incluso 474 créditos ECTS en lugar de los 240 créditos ECTS de un grado simple.

El plan de estudios del doble título de grado de Filosofía y Derecho de la Universidad de Sevilla, implantado en el curso 2020-2021, cuenta con 408 créditos ECTS a realizar en cinco años[10]. Desde su implantación hasta

---

versitarias-20181126104056-nt.html?ref=https%3A%2F%2Fwww.lasprovincias.es%2Fcomunitat%2Flimitacion-carreras-universitarias-20181126104056-nt.html

9 https://www.educaweb.com/contenidos/educativos/estudios-universitarios/oferta-titulaciones-grado-rama-conocimiento/dobles-titulaciones-grado/

10 Puede verse una información detallada en https://www.us.es/estudiar/que-estudiar/oferta-de-grados/doble-grado-en-derecho-y-en-filosofia

el año académico en curso, el doble grado de Filosofía y Derecho de la Universidad de Sevilla ha contado con la siguiente oferta y demanda de plazas:

Curso	Oferta	1ª Preferencia	2ª y 3ª Preferencia	Total
2023-2024	20	43	77	294
2022-2023	20	48	70	320
2021-2022	20	41	87	310
2020-2021	20	33	77	302

Los conocimientos que se adquieren en este doble grado se relacionan "con los fundamentos históricos, filosóficos y constitucionales del ordenamiento jurídico, sus principales instituciones públicas y privadas; la gestación y evolución histórica de las ideas y conceptos fundamentales de la Filosofía y su análisis cultural; las fuentes jurídicas y su manejo, así como la identificación y aplicación de las fuentes jurídicas de relevancia y de los principios generales del derecho a una cuestión concreta; se tratan también las interrelaciones entre la Filosofía y el Derecho; y se entrenan, entre otras capacidades, la de saber argumentar sólidamente y detectar deficiencias y falacias lógicas en los discursos públicos, las capacidades de negociación y mediación, lectura, interpretación y redacción de textos de naturaleza jurídica y filosófica, etc"[11].

Los objetivos jurídicos son numerosos y coincidentes con el grado en Derecho, destacando la adquisición de conocimientos y habilidades para gestionar la información y resolver problemas jurídicos, adquirir las destrezas que faciliten al alumno un aprendizaje autónomo, y desarrollar la capacidad de liderazgo y de organización de los alumnos. Por su parte, los objetivos filosóficos se centran principalmente en la formación del pensamiento filosófico y metafísico, la capacidad de reflexión crítica y aportar la formación humanística necesaria para el desarrollo de cualquier actividad.

Las competencias básicas se comparten entre las dos titulaciones mientras que las competencias generales y específicas a alcanzar por los alumnos se diferencian en algunos casos y, en otros, se duplican formalmente o coinciden en gran parte. Así, para el grado en Derecho se requiere como competencia genérica, a título de ejemplo, el desarrollo de la capacidad de análisis y sín-

11 Véase https://www.us.es/estudiar/que-estudiar/oferta-de-grados/doble-grado-en-derecho-y-en-filosofia

tesis o de localización y tratamiento de la información jurídica o, también, la capacidad de adquirir valores y principios éticos, entre otras; exigiéndose, como competencia específica la aplicación de los principios del derecho y la normativa jurídica a supuestos fácticos o el desarrollo de la capacidad para la búsqueda, obtención o manejo de fuentes jurídicas (legales, jurisprudenciales y doctrinales). Por su parte, las competencias para el Grado en Filosofía, generales y específicas, coinciden en muchos aspectos con el anterior grado destacando la capacidad para argumentar sobre la acción humana, sus razones y consecuencias, así como las normas y valores morales que permiten juzgarla.

En todo caso, las abrumadoras habilidades y competencias básicas, genéricas y específicas de ambos títulos universitarios no deben hacernos olvidar que la reivindicación intrínseca de la Universidad es la formación de ciudadanos y personas cultas, instruidas y preparadas que necesitan adquirir no sólo habilidades sino, también, conocimientos para alcanzar competencias, aptitudes y actitud para trabajar en distintos ámbitos. No cabe duda que los conocimientos adquiridos en el área de Filosofía permiten al estudiante aprehender de un modo más ágil las nociones jurídicas, y cuestionar los fundamentos o razón de ser de las normas laborales. Esa hermandad de objetivos es la que se desprende, sin duda, del doble grado de Filosofía y Derecho de la Universidad de Sevilla.

3. LA ASIGNATURA DERECHO DEL TRABAJO Y DE LA SEGURIDAD SOCIAL EN EL DOBLE GRADO DE FILOSOFÍA Y DERECHO

Antes de realizar cualquier análisis del método organizativo y docente empleado en la asignatura de Derecho del Trabajo y de la Seguridad Social en la Universidad de Sevilla, conviene señalar que dicha asignatura se encuentra presente en diversas titulaciones y se aborda de manera diferente según el perfil de la propia titulación como ocurre, por ejemplo, en los grados de Economía, Administración y Dirección de empresas o Finanzas y Contabilidad y Turismo, cuyo estudio se reduce a 6 créditos ECTS o, en el Grado en Ciencias del Trabajo y Recursos Humanos donde el estudio de la asignatura es más detenido y exhaustivo (12 créditos en Derecho del Trabajo y 12 créditos en Seguridad Social en segundo curso), complementada con asignaturas afines en otros cursos.

En el caso del doble grado en Filosofía y Derecho la asignatura Derecho del Trabajo es obligatoria en cuarto curso y cuenta, al igual que en el grado en Derecho, con 12 créditos ECTS[12]. El carácter obligatorio de la asignatura implica que forma parte del contenido esencial y básico de la titulación misma, obligando a ofrecer un espectro general y amplio de la materia al objeto de que los alumnos adquieran conocimientos suficientes y competencias y habilidades básicas.

La asignatura se imparte, por tanto, con el mismo alcance y contenido que en el Grado en Derecho simple. El proyecto docente de la asignatura es idéntico en ambos títulos, sin reducción de contenidos ni, por tanto, merma de la calidad, aunque no hay una adaptación al perfil del estudiante del doble grado. Es más, por razones organizativas y de medios materiales y humanos, la asignatura se imparte junto a los otros dobles grados existentes en la Facultad de Derecho que incluyen la asignatura con 12 créditos. Así, la asistencia a clase es compartida con los alumnos del doble grado en Derecho y Administración y Dirección de Empresas, del doble grado en Derecho y Economía y del doble grado en Derecho y finanzas y contabilidad. No existe, pues, una adaptación a las particularidades que podría requerir cada título, masificando, además, los grupos. En tal sentido, coinciden en el mismo grupo del turno de mañana y aula, durante el curso 2023-2024, un total de 103 alumnos: 43 matriculados en el doble grado en Derecho y Administración de Empresas, 16 alumnos del doble grado en Derecho y Economía, 38 alumnos del doble grado en Derecho y Finanzas y Contabilidad y 6 alumnos del doble grado en Derecho y Filosofía. No existen datos sobre la marcha o eficiencia de esta asignatura respecto de este último título pues es la primera vez que se imparte desde su implantación. Por su parte, el grupo de la tarde previsto para los dobles grados engloba en esta asignatura a los alumnos del doble grado en Derecho y Economía y Derecho y Administración de Empresas, con 20 y 75 matriculados respectivamente. La transversalidad es lo que permite englobar a todos los títulos en un mismo grupo, pero ello impide, sin duda, la adaptación del temario a las necesidades particulares de cada uno de ellos.

3.1. Descripción general de contenidos

Los bloques temáticos de la asignatura, con dedicación de 120 horas en clases teórico-prácticas, se concentran en los siguientes aspectos[13]:

---

12 El plan de estudios puede verse en https://www.us.es/estudiar/que-estudiar/oferta-de-grados/doble-grado-en-derecho-y-en-filosofia

13 La relación detallada y la ordenación temporal de los contenidos puede verse en file:///C:/Users/W8/Downloads/Proyecto_2500046_2023-24_T2.pdf

a) Formación histórica y fuentes de derecho del trabajo
b) El contrato de trabajo: delimitación, sujetos, contenido, vicisitudes y extinción
c) Derecho colectivo del trabajo. La libertad sindical. El derecho de asociación empresarial. La negociación colectiva. La representación de los trabajadores. El derecho de huelga
d) Introducción al Derecho de la Seguridad Social
e) La administración laboral y la jurisdicción laboral

3.2. Metodología de aprendizaje

La metodología seguida por la asignatura ofrece los siguientes sistemas de aprendizaje:

– Clases teóricas: la parte teórica de la asignatura se desarrolla en las sesiones de clases programadas a lo largo del curso en el aula, por medio de exposición del profesor del contexto general de las instituciones que secuencialmente se van analizando conforme al programa de la asignatura. En estas clases se identifican los aspectos más difíciles de comprensión para los alumnos y se aportan las claves esenciales de la regulación en la materia, propiciando la aclaración de los conceptos básicos de cada una de las instituciones. Ello permite el sucesivo estudio individualizado por parte del alumno del manual de estudio y de los materiales docentes recomendados para el conocimiento de la materia. En concreto, los alumnos matriculados en esta asignatura tienen a su disposición un manual plenamente ajustado al temario de estudio que permite al profesor una mayor flexibilidad y seleccionar, conforme a su criterio, las cuestiones a explicar o a las que dedicar más tiempo[14]. Disponen, asimismo, de bibliografía recomendada para seguir o profundizar en las explicaciones del profesor.

  En ocasiones, se sigue la metodología "*flipped classroom*" o clase invertida donde el alumno procesa y disecciona, por sí mismo la información que le suministra el profesor y efectúa el proceso de aprendizaje sin tener que recurrir al sistema habitual de explicación previa en el aula por parte del profesor. Son los alumnos los que exponen un punto del

---

14 CRUZ VILLALÓN, J: *Compendio de Derecho del Trabajo*, Editorial Tecnos, Madrid, 16º edición, 2023.

temario, un convenio colectivo o, en especial, una sentencia, lo que aporta una información fidedigna y real de un problema jurídico.

- Tutorías individuales de contenido programado. Estas se dedican a la orientación al alumno en el estudio de los materiales docentes proporcionados y recomendados, así como a resolver las dudas que se le planteen en la preparación de los casos prácticos que se les proporcionen periódicamente.
- Realización y resolución de supuestos prácticos. Es metodología habitual en las clases prácticas la entrega al alumno, a través de la plataforma blackboard y con una semana de anticipación, del supuesto práctico correspondiente, al objeto de que lo vaya preparando personalmente. El alumno debe entregar por escrito la resolución correspondiente del supuesto y la clase práctica se dedica a la discusión y explicación de la solución del respectivo supuesto práctico, valorándose singularmente el grado de preparación y de intervención del alumno en la misma. Como fórmula alternativa, el caso práctico se entrega el mismo día de la clase para que el alumno lo resuelva, de manera individual o en grupos, en la propia clase, de forma que sirva para contrastar periódicamente los conocimientos adquiridos por el alumno, al tiempo que se fomentan otras competencias específicas no fáciles de desarrollo con el trabajo sin la asistencia del profesor.

  El método del caso fomenta el pensamiento analítico y crítico de los alumnos, siendo una herramienta esencial para efectuar reflexiones encaminadas a la resolución de problemas.
- Participación en seminarios. El alumno debe participar obligatoriamente en los seminarios organizados por el Departamento de Derecho del Trabajo o su profesorado y se toma en consideración para la evaluación de la parte práctica de la asignatura.
- Trabajo de campo: El trabajo de campo puede consistir en asistencia a los Juzgados, participación de Jornadas organizadas por el Departamento, tutorías, comentarios de sentencias, recensión de monografías, etc., según la programación que vaya anunciando el profesor responsable del grupo.

La asignatura cuenta con una herramienta importante de aprendizaje: la enseñanza virtual de la Universidad de Sevilla a través de la plataforma blackboard. En ella se dispone de numerosos materiales que aporta el profesor para el seguimiento y la profundización de las clases. Así, se abren contenidos diversos de aprendizaje (legislación, jurisprudencia, bibliografía, prácticas, presentaciones, actividades, formularios, seminarios…), donde se aportan, entre otras, las normas legales, reglamentarias y convencionales necesarias para el estudio de la asignatura; las resoluciones judiciales más recientes sobre los temas del programa; los artículos y monografías de interés, en especial, los *briefs* publicados por la Asociación Española de Derecho del Trabajo y de la Seguridad Social; las prácticas a desarrollar en casa o en clase —que, como mínimo, es una por tema—; las actividades a realizar —test, preguntas de repaso, etc—; los formularios sobre contratos de trabajo, temporales e indefinidos, recibos de salario, papeletas de conciliación, demandas, etc; y, también, ofrece información sobre jornadas de estudio o seminarios relacionados con la temática a estudiar.

El temario de la asignatura consta de dieciocho lecciones. Cada prueba parcial abarca nueve temas y se facilita la superación de los mismos por etapas. Así, se respeta la calificación obtenida en los parciales y en las prácticas hasta el examen final de la convocatoria de julio.

El abanico de aspectos a analizar y estudiar puede verse en la siguiente imagen:

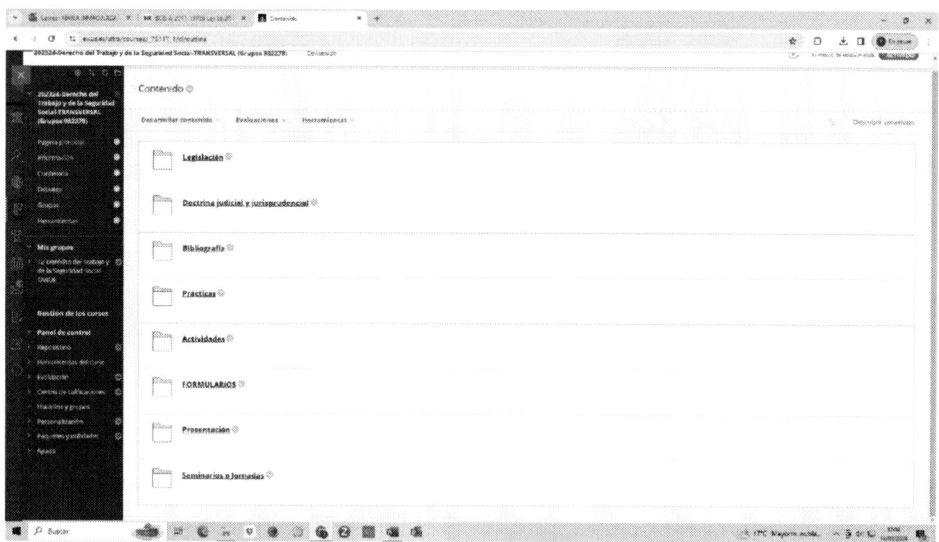

3.3. Materiales prácticos

La asignatura de Derecho del Trabajo y de la Seguridad Social es eminentemente práctica, realizándose varias prácticas en cada tema, de los dieciocho que conforman el temario. La blackboard es la herramienta utilizada para facilitar las prácticas, poniéndose a disposición del alumnado varios días antes de su realización. Ello puede verse en la captura de pantalla que, hasta el día de hoy, se han realizado en la asignatura:

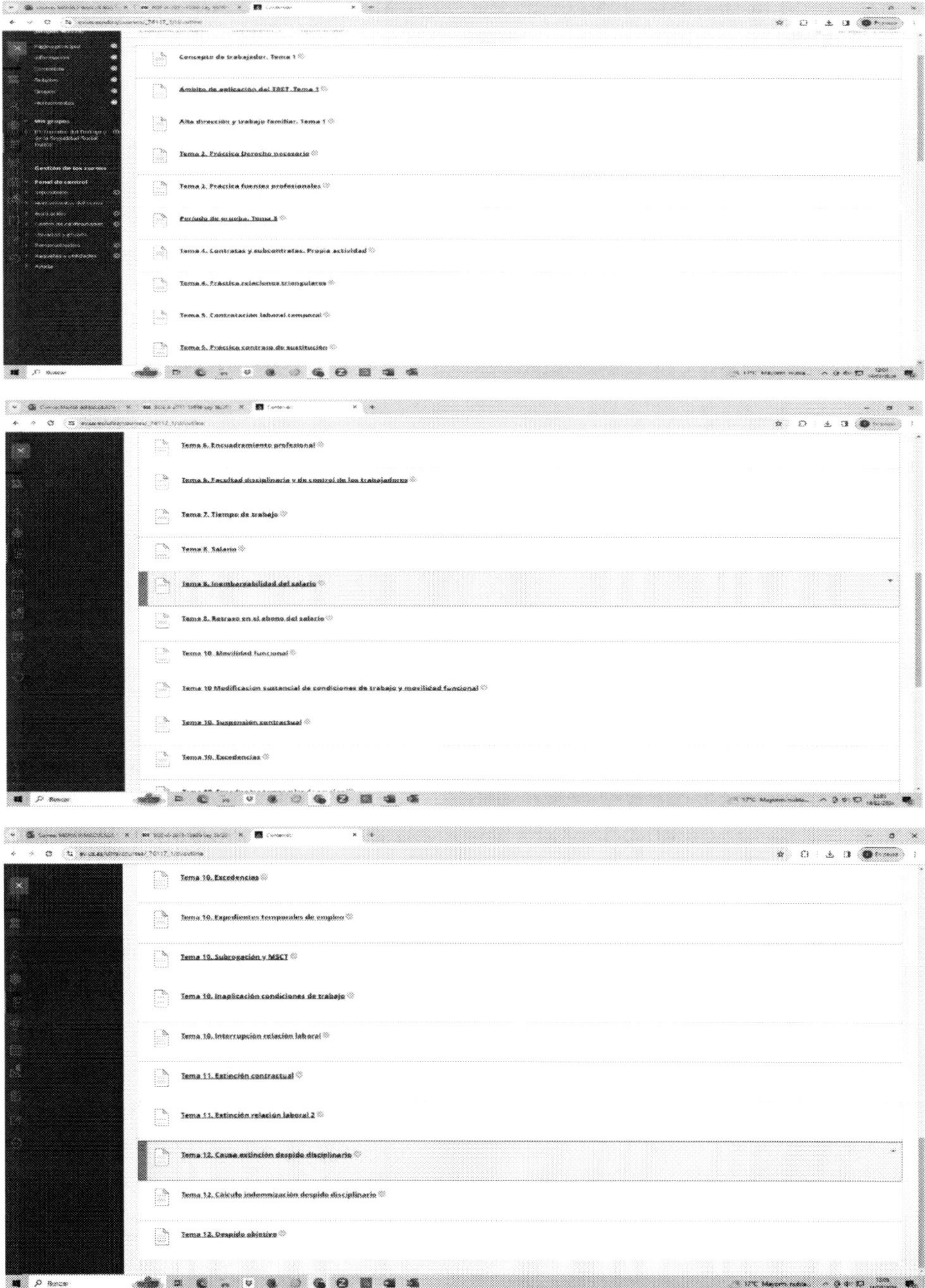

La imposibilidad de reflejar en estas páginas todas las prácticas realizadas durante el curso, obliga a seleccionar alguna que sirva de referente. Es por ello que, en relación a las prácticas, me he inclinado por un aspecto esencial de la materia: los contratos laborales, con propuesta de solución. Respecto a las actividades y formularios, he seleccionado la tarea consistente en elaborar una demanda por despido objetivo ante el juzgado de lo social, sin aportar la correspondiente papeleta de conciliación previa.

a) Práctica sobre contratación laboral (Tema 5):

La empresa Health Diagnostic ASE, SA dedicada al diagnóstico, pronóstico y seguimiento de enfermedades mediante el análisis de muestras biológicas, necesita realizar diversas contrataciones para atender la prestación de servicios en distintos departamentos de la entidad y nos solicita dictamen sobre las modalidades contractuales a efectuar teniendo en cuenta que no desea efectuar contrataciones indefinidas.

Propuesta de solución: el alumno debe plantear que la modalidad contractual no la decide libremente la empresa, sino que ésta obedece a la naturaleza temporal o no de la actividad a realizar y la correcta justificación de la causa conforme a la ley.

– En el departamento de Medicina interna, Geriatría e Infecciosos se ha realizado un proceso de selección de personal y se ha escogido a dos candidatos aptos para las funciones a desarrollar: Juan y Teresa, médicos graduados, respectivamente, en junio de 2022 y septiembre de 2020 en la Facultad de Medicina de la Universidad de Sevilla, y que ya realizaron sus prácticas curriculares universitarias (12 créditos) en la empresa. La contratación sería a tiempo completo para un período de tres años, con un periodo de prueba de 6 meses conforme al vigente convenio colectivo sectorial del sector de empresas de hospitalización, internamiento, consulta, asistencia y laboratorios de análisis clínicos.

Propuesta: El art. 11.3. b) señala que "*El contrato de trabajo para la obtención de práctica profesional deberá concertarse dentro de los tres años [o de los cinco años si se concierta con una persona con discapacidad], siguientes a la terminación de los correspondientes estudios [...]*".

Teresa no reúne los requisitos para un contrato formativo para la obtención de práctica profesional adecuada al nivel de estudios ya que finalizó los mismos en septiembre de 2020 (excede de 3 años desde la finalización). La empresa debería contratarla bajo un contrato indefinido si la necesidad de personal es permanente.

Juan, por el contrario, puede contratarse bajo la modalidad de práctica profesional adecuada al nivel de estudios recogida en el art. 11.3 ET ya que finalizó sus estudios en junio de 2022 (dispone hasta junio de 2025). No obstante, deben realizarse las siguientes puntualizaciones: *"No podrá suscribirse con quien ya haya obtenido experiencia profesional o realizado actividad formativa en la misma actividad dentro de la empresa por un tiempo superior a tres meses, sin que se computen a estos efectos los periodos de formación o prácticas que formen parte del currículo exigido para la obtención de la titulación o certificado que habilita esta contratación"*. La realización de prácticas curriculares en la misma empresa no impide, por tanto, la contratación temporal bajo esta modalidad.

Por su parte, la duración del contrato no se ajusta a la legalidad vigente pues el apartado c) del art.11.3 señala que "*La duración de este contrato no podrá ser inferior a seis meses ni exceder de un año. Dentro de estos límites los convenios colectivos de ámbito sectorial estatal o autonómico, o en su defecto, los convenios colectivos sectoriales de ámbito inferior podrán determinar su duración, atendiendo a las características del sector y de las prácticas profesionales a realizar*". No es posible una duración de tres años ya que, en su caso, los convenios colectivos sólo podrían fijar la duración dentro de los máximos legales. No ocurre lo mismo con el período de prueba ya que el apartado e) del art. 11.3 señala que "*Se podrá establecer un periodo de prueba que en ningún caso podrá exceder de un mes, salvo lo dispuesto en convenio colectivo*". Si el convenio colectivo prevé una duración superior a la legal, a ella se deberá estar.

-El departamento de Radiología precisa de dos técnicos de rayos para realizar las funciones de María y Pedro, trabajadores jubilados a diciembre de 2023. Plantean la posibilidad de contratar bajo la modalidad del contrato de sustitución regulado en el art. 15 del Estatuto de los Trabajadores por una duración de un año.

Propuesta: No puede realizarse contrato de sustitución para cubrir trabajadores que han extinguido la relación laboral. Cabría, en su caso, un contrato de sustitución por cobertura de vacante durante el proceso de selección de personal por una duración máxima de 3 meses.

– Por último, el Departamento de Marketing de la empresa debe participar anualmente en la celebración de un Congreso médico nacional para incrementar el flujo de pacientes y mejorar su fidelidad, precisando contratar personal para la organización y gestión del mismo. La contratación se haría mediante el contrato para obra o servicio determinado o, si no fuera posible, mediante el contrato de circunstancias de la producción, teniendo una duración de cuatro meses debido a la imprevisibilidad de la fecha exacta de celebración del Congreso.

Propuesta: no es posible contratar bajo la modalidad de contrato para obra o servicio determinado tras el RDLey 32/2021. Respecto al contrato de circunstancias de la producción deben realizarse algunas apreciaciones: primero, descartar o no la posible contratación indefinida de fijos discontinuos; segundo, valorar el carácter previsible o imprevisible de la actividad pues el primer supuesto sólo permitiría una contratación temporal por un máximo de 90 días dentro del año natural y la segunda una duración máxima de 6 meses al año, ampliable a un año por convenio colectivo sectorial.

A mi juicio, el carácter cíclico de la actividad y no ocasional y duradero no encajaría en la causa del contrato por circunstancias de la producción en ninguna de sus variantes (primer supuesto: *"el incremento ocasional e imprevisible de la actividad y las oscilaciones, que aun tratándose de la actividad normal de la empresa, generan un desajuste temporal entre el empleo estable disponible y el que se requiere, siempre que no respondan a los supuestos incluidos en el artículo 16.1"*; segundo supuesto: *"para atender situaciones ocasionales, previsibles y que tengan una duración reducida y delimitada"*) por lo que la contratación más adecuada sería la de fijo discontinuo.

b) Actividad y formularios: elaborar una demanda sobre despido objetivo:

AL JUZGADO DE LO SOCIAL DE SEVILLA

DON PEDRO MORENO GONZÁLEZ, mayor de edad, con D.N.I. núm. 28.000000-L, y con domicilio a estos efectos en el despacho profesional del Letrado Don Juan Rodríguez Pérez, sito en Avenida de la Constitución número 0, de Sevilla, C.P. 41.001, Tfno.: 954000000 y mail: pmog@abogados.com, ante este Organismo comparece y como mejor proceda en derecho, **DICE**:

Que, por medio del presente escrito, viene a formular **DEMANDA**, ante la Jurisdicción Social, por **DESPIDO IMPROCEDENTE**, contra:

La mercantil **SUMINISTROS TÉCNICOS IBÉRICOS, S.L.**, con C.I.F. núm. B00000000 y CCC núm. 00000000000000, y con domicilio en calle Vía Salado núm. 38 de Dos Hermanas, Sevilla, C.P. 41.089. Sirven de base los siguientes:

HECHOS

PRIMERO.—Que el demandante ingresó a prestar servicios por cuenta de la empresa demandada en fecha de 04/04/2022 mediante contrato de trabajo indefinido a tiempo completo. La categoría profesional es la de Viajante, prestando sus servicios en las diferentes zonas en toda Andalucía asignadas por su empleador, estando el centro de trabajo en calle Vía Salaria núm. 38 de Montequinto (Dos Hermanas), Sevilla, C.P. 41.089.

El salario bruto pactado anual para el año 2023 es de 23.005,00 €. Mensualmente se componía de un salario base de 1.107,37 €, la parte proporcional de pagas extraordinarias de 369,12 € y un plus de empresa de 440,59 € lo que asciende a un devengo mensual de 1.917,08 €. Además, se fijaba un plan de objetivos, comisión por ventas, que no han sido alcanzados por los dos viajantes contratados en la mercantil demandada.

Por tanto, el salario día a efectos de despido incluida la parte proporcional de las pagas extraordinarias es de 63,90 € diarios.

SEGUNDO.—Que el día 7 de enero de 2024, el demandante recibe escrito del empresario demandado en la que se le comunica la extinción de su contrato de trabajo por despido objetivo basada en causas económicas, organizativas y productivas con efectos del mismo día 7 de enero de 2024. Se adjunta como documento número 1 la carta de despido objetivo.

Además de la liquidación o finiquito del trabajador en la referida carta de despido se cuantifica el despido por causas objetivas, que se puso a disposición y se pagó, en importe de 1.597,50 €. Sorpresivamente se produce un error inexcusable en su abono por una determinación inadecuada del salario día a efectos de despido y ello a pesar que las retribuciones del trabajador, con carácter anual, eran fijas o pactadas en el año 2023 en el importe de 23.005 €.

Como causa económica la demandada sólo aduce una disminución de la ganancia declarada en la cuenta de pérdidas y ganancias de los últimos años. Así se expone que en el ejercicio 2021 hubo ganancias por importe de 102.783,98 €, el ejercicio 2022 arrojó pérdidas de 23.881 € y el ejercicio 2023 con ganancias de 4.200 €.

Al respecto, indicar que dato alguno se expresa sobre el importe de ventas de cada ejercicio ni el comparativo que marca el Estatuto de los Trabajadores, extremos que hubieran podido permitir la apreciación de la causa económica alegada. La comparativa respecto a los trimestrales del IVA pueden ser expresivos del cumplimiento o no de la causa alegada y que se niega desde este mismo momento. Es más, de las pérdidas del ejercicio 2022 se finaliza con una ganancia en el ejercicio 2023 y, por tanto, no estamos ante una situación económica negativa y no existe una persistencia exigida por la Ley.

El artículo 51.1 del Estatuto de los Trabajadores, respecto a la causa económica, regula literalmente lo siguiente: “se entiende que concurren causas económicas cuando de los resultados de la empresa se desprenda una situación económica negativa, en casos tales como la existencia de pérdidas actuales o previstas, o la disminución persistente de su nivel de ingresos ordinarios o ventas. En todo caso, se entenderá que la disminución es persistente si durante tres trimestres consecutivos el nivel de ingresos ordinarios o ventas de cada trimestre es inferior al registrado en el mismo trimestre del año anterior".

Como causa organizativa o productiva aduce la mercantil demandada la pérdida de una propuesta económica para el grupo Blue para la instalación de 14 equipos UBS por importe previsto de 241.794 € por un email recibido el 7 de agosto de 2023, cinco meses antes del despido por causas objetivas padecido por el actor.

Obvia la empresa demandada que, en el año 2023, en lo que respecta al departamento comercial, ha habido un aumento significativo del volumen de ventas, por lo que no ha habido comparativamente con el ejercicio anterior un cambio o disminución en la demanda de productos o servicios que justifique dicha causa organizativa.

El artículo 51.1 del Estatuto de los Trabajadores, respecto a la causa económica, regula literalmente lo siguiente: "son causas organizativas cuando se produzcan cambios, entre otros, en el ámbito de los sistemas y métodos de trabajo del personal o en el modo de organizar la producción y causas productivas cuando se produzcan cambios, entre otros, en la demanda de los productos o servicios que la empresa pretende colocar en el mercado".

TERCERO.—Que el trabajador no ostenta en el día anterior ni en el año inmediatamente anterior al despido la cualidad de representante legal de los trabajadores.

CUARTO.—Que la decisión extintiva debe ser calificada como despido IMPROCEDENTE por los siguientes motivos:

a) No se justifica, conforme a los parámetros exigidos por el propio Estatuto de los Trabajadores, ni motivos económicos, ni organizativos ni productivos. Simplemente se acude al despido por causas objetivas para extinguir el contrato de trabajo indefinido con un menor coste indemnizatorio.

b) No se justifica, conforme impone la propia norma, una situación negativa en la empresa y tampoco se expone una comparativa del volumen de ventas que, según el dicente, han sido superiores en este año 2023, comparativamente con el ejercicio anterior.

c) No se justifica una menor demanda de productos o servicios. Simplemente se alude a una pérdida de una propuesta para la mercantil Blue en fecha de 7 de agosto de 2023, pero nada se justifica respecto de tal incidencia en el volumen de ventas del ejercicio. Fácil es acudir a las declaraciones trimestrales de IVA y conocer en realidad el volumen de ventas y si ello justifica la amortización por causas objetivas del puesto de trabajo.

d) Se comete un error inexcusable en la cuantificación de la indemnización por despido objetivo, lo que conlleva, ineludiblemente, la calificación de improcedente de la decisión empresarial.

QUINTO.—En fecha de 15 de enero de 2024 se ha presentado la Papeleta de Conciliación administrativa sin que, hasta la fecha, se haya señalado el preceptivo Acto de Conciliación. Conociendo esta parte el cúmulo de procedimientos pendientes de señalamientos en el órgano administrativo que demora el señalamiento en procedimientos como el presente por plazo de dos meses y para evitar la caducidad de la acción, se presenta esta demanda con la promesa de aportación, cuando fuere requerido para ello, del Acta con su resultado una vez verificado el acto de conciliación preprocesal. Se acompaña justificante de presentación y papeleta de conciliación administrativa como documentos números 2 y 3.

Por todo lo anteriormente expuesto,

SUPLICA AL JUZGADO DE LO SOCIAL DE SEVILLA, tenga por presentado este escrito, con sus copias y documentos que le acompaña, los admita y, en su virtud, tenga por presentada demanda en materia de **DESPIDO IMPROCEDENTE** contra el empleador **SUMINISTROS TÉCNICOS IBÉRICOS, S.L.**, acordando citar a las partes al acto de conciliación y subsiguiente juicio, por el que, finalmente y seguido que sea por todos sus trámites, se dicte Sentencia estimatoria íntegramente de la presente demanda por la que se condene a la empresa demandada con los efectos previstos en el Estatuto de los Trabajadores para la declaración de improcedencia del despido efectuado, así como cuanto más proceda según Ley, por ser todo ello de Justicia que pido en Sevilla a 16 de febrero de 2024.

PRIMER OTROSI DIGO: que esta parte acudirá a Juicio asistido de Letrado.

SEGUNDO OTROSI DIGO: que, al Derecho de esta parte, y sin perjuicio de las que se puedan proponer en el acto del juicio oral, interesa se practiquen los siguientes medios de ***P R U E B A***

INTERROGATORIO DE PARTE O CONFESION JUDICIAL de la empresa demandada en la persona del legal representante de la sociedad demandada **SUMINISTROS TÉCNICOS IBÉRICOS, S.L.**, a fin de que, bajo juramento indecisorio, absuelva en el acto de la vista oral las posiciones que se le formularán. A estos efectos, interesa sea citada de comparecencia para confesar bajo los apercibimientos legales.

DOCUMENTAL, consistente en que se requiera a la empresa demandada **SUMINISTROS TÉCNICOS IBÉRICOS, S.L.**, para que aporten a los presentes autos en el acto de juicio oral, los siguientes documentos:

a) Contrato de trabajo suscrito con la parte actora y compromiso de objetivos y novación del mismo para el ejercicio 2023

b) Modelos 303 de todos los trimestrales del ejercicio 2022 y 2023.

c) Modelos 390 de los ejercicios 2021, 2022 y 2023.

d) Desglose de operaciones confirmadas de ventas en el departamento comercial en los ejercicios 2022 y 2023.

SUPLICA AL JUZGADO DE LO SOCIAL, tenga por hecha la manifestación del primer otrosí, admita y declare pertinente la prueba que se deja propuesta en el segundo otrosí y ordene lo necesario para su práctica. Por ser de Justicia que se reitera en el lugar y fecha antes indicados.

4. CONCLUSIONES Y RECOMENDACIONES.

El resultado del trabajo realizado por el alumnado hasta el momento nos permite extraer algunas conclusiones acerca de las fortalezas y debilidades de la metodología docente seguida en esta asignatura y planificar aspectos que necesitan mejoría.

Con carácter general, puede resaltarse que los conocimientos adquiridos sobre la asignatura son bastante buenos, teniendo en cuanta el elevadísimo porcentaje de alumnos asistentes aprobados durante el primer cuatrimestre (no puede hacerse, de momento, una valoración final hasta que termine el curso). De las pruebas de conocimiento realizadas y el desarrollo participativo de las prácticas puede deducirse que el alumnado asimila perfectamente el tema tratado. Los alumnos pueden realizar la defensa pública de sus trabajos y resolver problemas jurídicos complejos, además de asumir el estudio e investigación de manera autónoma. No se producen deficiencias de coordinación ya que los grupos se rigen por un programa y temario común para todos los títulos. Existe, además, un coordinador encargado de la planificación general de la asignatura en diferentes grupos.

Como aspectos a mejorar o debilidades puede señalarse la falta de adaptación específica a las necesidades de las distintas titulaciones que comparten temario, profesor y aula, así como la necesidad de reforzar los contenidos con asistencia a los juzgados o juicios simulados y la falta de confianza del alumnado en alcanzar un aprendizaje autónomo. Debe trabajarse también la asistencia constante y la participación activa del alumno en clase y la mejora de la expresión oral y escrita. Sería una mejora a valorar la inclusión de actividades sobre debates jurídicos.

Se recomienda a los alumnos no centrarse, en exclusiva, en el estudio memorístico de la asignatura sino en la absorción de los principios y conceptos básicos de la misma. La comprensión y el razonamiento jurídico, valores adquiridos especialmente por los alumnos del doble título, facilitan la adquisición permanente de conocimientos en una materia, la laboral, que está en constante cambio.

En otro plano, sería también recomendable —aunque imposible a día de hoy debido a razones económicas, de personal e, incluso, de espacio— que los alumnos del doble título dispusieran de su propio grupo —no compartido con los otros dobles títulos— al objeto de recibir la necesaria adaptación del proyecto docente a sus particulares necesidades o peculiaridades. La organización individualizada del doble título, con plena entidad, evitaría también que el alumnado tuviera que desplazarse a distintas facultades para el seguimiento de sus estudios y la distribución de los mismos en horarios de mañana y tarde, circunstancia que, no olvidemos, dificulta el buen progreso del alumnado.

Bibliografía

CRUZ VILLALÓN, J.: Compendio de Derecho del Trabajo, 16ª edición, Editorial Tecnos, 2023.

MARTÍN VALVERDE, A. y GARCÍA MURCIA, J: 32ª edición, Editorial Tecnos, 2023.

SÁNCHEZ-RODAS NAVARRO, C (Dir.): Cuadernos prácticos de Derecho Social, 3ª edición, Editorial Laborum, 2023.

La asignatura de derecho penal. Parte especial I en el doble grado en derecho y filosofía

CARMEN REQUEJO CONDE
Profesora Titular de Universidad

1. DESCRIPCIÓN GENERAL

1.1. La evolución de la asignatura Derecho penal parte especial I

El contenido de la asignatura Derecho penal parte especial I ha ido variando con el devenir legislativo y la transformación de los Planes de estudios y adaptación al Plan Bolonia haciendo de ella un "*suceso evolutivo*". Evolución científica de una asignatura que ha sufrido los innumerables vaivenes normativos que la han sacudido con frecuencia en las últimas décadas. Y evolución institucional, por el distinto papel que han desempeñado los precedentes y actuales Planes de Estudios de la Universidad de Sevilla, que hoy por hoy contemplan como asignaturas obligatorias troncales la de Derecho penal I (Parte General) y Derecho penal Parte Especial, a su vez dividida en I y II, todas cuatrimestrales. La asignatura Derecho penal Parte Especial ha ido reduciendo progresivamente su contenido, desgajándose aspectos como el Derecho Penal Ambiental, el Derecho penal de las Administraciones Públicas, el Derecho penal Económico o el Derecho penal Internacional (convertidas algunas en asignaturas propias), y, en el curso 2010/2011, el Derecho procesal y Justicia Penal Internacional, quedando el contenido del Derecho penal Parte especial I reducido a los delitos contra los bienes jurídicos personales y algunos supraindividuales o colectivos (Medio Ambiente, Seguridad colectiva, Seguridad vial y Salud pública), y el Derecho penal Parte especial II a los bienes jurídicos netamente colectivos.

Los contenidos se revisan e innovan en función, además, de la propia evolución de la Ciencia del Derecho penal, a través de las múltiples reformas que vapulearon el código penal de 1973 (reformas de 1983 y 1989) y que, más tarde, han ido conformando el código penal de la democracia desde su aprobación por Ley Orgánica 10/1995 y sus posteriores y múltiples modificaciones.

En este sentido, lo importante no son solo los contenidos sino las estrategias metodológicas, ya que tan relevante es lo que se aprende como también cómo se aprende, siendo casi siempre crucial la forma del aprendizaje, la captación de conocimientos y su asimilación definitiva (aprender y aprehender). La forma de impartición del mensaje, y no únicamente el contenido de este, requiere de una gran inversión de tiempo, reflexión y puesta en marcha de una dinámica docente con nuevas técnicas y estrategias que motiven al alumnado a su seguimiento, intentando mantener la atención de este, que se ha visto incentivada, por un lado, y, por otro erosionada, por el uso de las nuevas tecnologías, dando lugar a un nuevo perfil de alumno.

El camino o procedimiento que sigue el Derecho penal para explicar su contenido constituye el método, que se proyecta en la creación del Derecho, conocimiento, aplicación al caso concreto y transmisión de este conocimiento: el Derecho se crea legislando, se reforma para ir adaptándolo a las exigencias sociales y se aplica por los Tribunales de justicia a través de métodos de interpretación ya tradicionales (gramatical, sistemático, integrador, histórico, teleológico, o auténtico[1]). Mientras la creación y aplicación del Derecho es labor del legislador y de los jueces, al docente le corresponde conocerlo, interpretarlo y transmitirlo. La actividad del conocimiento del Derecho penal positivo es la Dogmática como conjunto de normas jurídico-penales (dogmas o declaraciones de principios). Esta interactúa con otra rama científica, la Criminología, a quien le corresponde el estudio de los factores de la criminalidad y de la conducta delictual[2]. Factores de justicia, utilidad o necesidad servirán a la Criminología para ofrecer pautas al legislador en su labor de creación de dogmas (Dogmática), y posteriormente de tipos penales (Derecho penal), "*transformando los*

---

1 Por ejemplo, la interpretación histórica fue utilizada para integrar el delito tipificado en el art. 380.1 del código penal, la conducción temeraria; la interpretación gramatical y teleológica para interpretar el elemento de la fuerza en las cosas en el delito de robo (si es solo para acceder o también para abandonar el lugar del crimen, como terminaría aceptando una reforma de 2015), o para la interpretación del concepto de persona en Derecho penal (si incluye al feto, al "naciente", o solo a la persona viva ya nacida.); la interpretación auténtica, definiendo, por ejemplo, el delito de sustracción de menores, etc.

2 Y que tuvo como máximos representantes clásicos a Beccaria, Bentham o Lombroso, referente de lo denominado hoy Criminología gótica (GARRIDO, LATORRE, 2023, 62).

conocimientos criminológicos en exigencias político-criminales"[3] y las exigencias político-criminales en normas a través de la llamada Política criminal.

La transmisión de este conocimiento científico para la formación del jurista es tarea esencial del docente por medio del método didáctico, como un modelo de enseñanza que tenga como objetivos desarrollar la capacidad intelectual del alumno, su interés, entusiasmo, imaginación, comprensión crítica, capacidad para plantear cuestiones y encontrar sus propias respuestas, en definitiva enseñarle a aprender y, al mismo tiempo, que el propio docente aprenda enseñando. La educación presencial debe seguir requiriendo del maestro, de un proceso comunicativo interaccional que ha de mantenerse para llegar a la mente (y al corazón) del alumno, pues el buen maestro debe ser al mismo tiempo un maestro bueno, esto es, no solo en una vertiente didáctica y pedagógica sino humana, a través de una conducta ejemplar y empática, de valores y enseñanzas de vida.

La transmisión de este contenido que constituye el aprendizaje del Derecho supone, primero, acercar al alumno a la terminología jurídico-penal mediante la explicación de conceptos básicos en las categorías dogmáticas del delito, lo que va a permitirle después su aplicación en el estudio particularizado de los distintos temas. Los renovadores Planes de Estudios estrenados en la Universidad de Sevilla en el curso académico 2003/2004 y, con posterioridad, en el curso 2009/2010, sustituyeron al extinguido Plan de 1965 e introdujeron, por ejemplo, como novedades, la impartición del Derecho penal I (parte general) como asignatura de primer curso y del Derecho penal parte especial I y II en el segundo curso. Ello no fue siempre la opción más adecuada habida cuenta de la, hasta en ese momento, ausencia de conocimientos del alumnado sobre materias como Derecho constitucional, Derecho civil, Derecho administrativo o Teoría general del Derecho, relevantes a la hora de enfrentarse a conceptos fundamentales del Derecho penal parte especial, como el concepto de ley orgánica, de responsabilidad civil, de acto administrativo, de indulto y amnistía, etc. Además, con los Planes de estudios y las titulaciones pioneras[4] (como en

---

3 MORILLAS CUEVA (1990, 215), VON LISZT, La Política criminal (Criminología y Penología) nos da el criterio para la apreciación del Derecho vigente y nos revela cuál es el que debe seguir, nos enseña a entender aquel a la luz de su fin, y a aplicarlo, en vista de su fin, a los casos particulares (1926, 7).

4 Como en 2007/2008 las de *Licenciatura en Derecho y Diplomatura en Gestión y Administración Pública;* en 2009/2010 el *Doble Grado en Derecho y en Gestión y Administración Pública, Doble Grado en Derecho y en Administración y Dirección de Empresas, Doble Licenciatura en Derecho y Administración y Dirección de Empresa, Grado en Gestión y Ad-*

2020/2021, el *Doble Grado en Derecho y Filosofía)*, y en desarrollo de la implantación del Programa de Convergencia Europea y del Sistema Europeo de Transferencia de Créditos (ECTS) del Plan Bolonia, se fue instaurando el carácter cuatrimestral de la disciplina, quedando así diseñada en el curso académico 2009/2010 en el Grado la asignatura "Derecho penal I" y en el curso 2010/2011 la de "Derecho penal Parte especial" (I y II), como troncales obligatorias, y como optativas la de "Derecho penal ambiental", "Derecho penal económico", "Derecho penal internacional" o la del "Derecho penal de las Administraciones Públicas" (algunas ya extinguidas). El carácter cuatrimestral de la disciplina supuso un nuevo varapalo a los contenidos del programa y, por ende, al método de aprendizaje.

Además, se impuso a partir del curso 2003/2004 una impartición de la asignatura predominantemente práctica en forma de talleres de trabajos, para valorar el lenguaje técnico, la oratoria, la argumentación jurídica, la relación de instituciones y el rigor científico del alumnado. Con el paso de los años y el aumento del número de alumnos matriculados en Titulaciones dobles (Grado en Derecho y Administración y Dirección de Empresas —ADE— y Grado en Economía), que llegaron a superar el número de cien, dichos talleres de aprendizajes prácticos dejaron de realizarse como tales, quedando dicha tarea como una labor periférica de clase, a desarrollar más individualmente por los alumnos, y, en todo caso, a la competencia de otros profesionales contratados por la Universidad.

Más allá de esto, las últimas reformas de los Planes Docentes nos han permitido acceder además a "*Sistemas de Innovación Docente*" que conviven con la formación presencial tradicional, sistemas de formación en red *(Plataformas virtuales)*, que presentaron como novedades una base flexible de conocimientos que permitía al estudiante fijar su ritmo de aprendizaje con una mayor flexibilización del tiempo y lugar de trabajo; una combinación de diferentes materiales (proyector, pizarra, plataforma) frente a una recepción pasiva del conocimiento, y que fuera capaz de generar actitudes innovadoras, críticas y de investigación, donde el material impreso y el profesor como fuente de representación y estructuración de la información no fueran ya solo lo único; una aplicación que llegaría a un mayor número de alumnos concibiendo el conocimiento como un proceso activo de construcción, frente a un modelo lineal de comunicación; unos contenidos actualizados y deslocalizados, con un especial énfasis en la formación

ministración Pública; en 2010/2011 *el Grado en Criminología;* en 2012/2013 el *Grado en Derecho y en Finanzas y Contabilidad.*

multimedia y una educación a través de la red y las TIC, que ofrecería nuevas posibilidades hacia un aprendizaje más abierto y flexible. De ello fue buena muestra los cursos *on line* impartidos durante la etapa pandémica (segundo cuatrimestre del curso 2019-2020 y curso 2020-2021).

Los Programas de Formación e Innovación Docente tuvieron, además, como finalidad principal establecer un marco de formación que permitiese adquirir y mejorar las competencias docentes, investigadoras y de gestión necesarias para el ejercicio profesional en la Universidad en el marco del EEES, a través de una programación general de formación, con cursos agrupados en distintos itinerarios formativos organizados por el Instituto de Ciencias de la Educación (ICE)[5]. Sin duda todos ellos influyeron en buena medida en la docencia impartida.

1.2. Aproximación al concepto y objeto del Derecho penal parte especial I

La existencia del Derecho penal se justifica por su necesidad para resolver conflictos humanos inmanentes a la convivencia, a menudo en aumento, no solo en frecuencia sino en gravedad. Las distintas reformas de la Parte especial del Código penal han ido evidenciando la creación de nuevas formas delictivas, de ampliación de las ya existentes y del incremento de las penas previstas. El Derecho penal supone el ejercicio de una facultad punitiva cuyo titular es el Estado, y se nutre de un conjunto de normas que le atribuyen el derecho de punición o *ius puniendi*, más en concreto, en la clásica definición de von LISZT, "*un conjunto de reglas jurídicas establecidas por el Estado, que asocian el crimen, como hecho, a la pena, como legítima consecuencia*"[6]. Y un instrumento de control social que intenta evitar comportamientos delictivos imponiendo una pena, y que se pone en marcha a través de la dinámica de instrumentalización de la norma aplicada en un proceso penal.

Estudiar las formas de conductas delictivas constituye la materia del Derecho penal material, tanto sus fundamentos dogmáticos generales, grado de perfeccionamiento y de participación en el delito, circunstancias modificativas o eximentes de responsabilidad criminal, determinación de la pena y otras consecuencias del hecho. La manera de confirmar la comisión de un delito en el supuesto concreto constituye materia propia del Dere-

---

5 *Seminario sobre Guías docentes y nuevas metodologías en el EEES (2007); Métodos de formación tutor online. Aplicaciones webct (2009); I Simposio: Calidad en la Investigación, Innovación y Mejora de la Actividad Docente (2010); Formación y Educación de la voz (2011); Convocatoria de Elaboración de materiales en Red-Sistema RODAS (2012),* etc.

6 VON LIZST (1926, 5).

cho procesal penal. Esta formalización procesal requiere del análisis del supuesto de hecho de la norma, formado por el delito[7], esto es, por un juicio negativo o desvalor del hecho y del autor, denominados respectivamente antijuridicidad o injusto y culpabilidad. Lo primero supone el análisis de la peligrosidad de la conducta para el bien jurídico y de su efectiva lesión. El delito es una acción peligrosa para un bien jurídico, en esto radica su desvalor de acción, y al mismo tiempo implica la lesión a este bien jurídico, llamado desvalor de resultado. En tercer lugar, la posibilidad de imputar este hecho y hacer responder de él a su autor constituye la responsabilidad, elemento que permite asociar el delito a la pena, o, dicho de otro modo, el supuesto de hecho de la norma penal a su legítima consecuencia.

Pero el Derecho penal es solo una parte del control social de la conducta de los ciudadanos, un control social formalizado, no único, pero sí último. Los sistemas tradicionales de internalización de valores fueron conviviendo con otros, instituciones privadas o políticas o grandes medios de comunicación, que no han llevado aparejado, pese a ello, un reforzamiento de valores y principios éticos y sociales, sino todo lo contrario, lo que hizo que el Derecho penal fuese experimentando una ampliación cualitativa y cuantitativa, hasta conformar el Derecho penal máximo que es hoy.

2. LA IMPARTICIÓN DEL DERECHO PENAL PARTE ESPECIAL I EN EL MARCO DEL GRADO EN FILOSOFÍA

2.1. La lección magistral

Impartí la asignatura Derecho penal parte especial I en la Titulación del Grado en Derecho y Filosofía durante el curso 2021-2022 por vez primera. Encontré la dificultad de no poder adaptar los contenidos al perfil de la titulación, al estar agrupados los alumnos conjuntamente con aquellos otros de las titulaciones del Grado en Derecho y ADE y del Grado en Derecho y Economía, contando con un número aproximado de noventa alumnos, en su mayoría provenientes de estas, y en un porcentaje menor, del Grado en Derecho y Filosofía.

Con esta dificultad en la organización docente, la asignatura se ha impartido del siguiente modo:

7 En sentido estricto, por derogación de las faltas en el año 2015.

Una primera parte (aproximadamente durante una hora) de introducción teórica al tema, descripción del estado de la cuestión en la doctrina y la jurisprudencia y reflexiones personales. Me he ayudado, desde su implantación, del proyector visual. Si bien en un primer momento confeccionaba previamente los paneles de diapositivas resaltando lo más interesante de la lección, observaba (y así me lo trasladaban los alumnos) que muchos presentaban dificultades para leer, escuchar la explicación y al mismo tiempo tomar apuntes, por lo que opté por hacer paneles solo rotulados (con el epígrafe a tratar), desarrollando el resto de contenidos relevantes como corolario de la explicación y resaltando los títulos al tiempo de la explicación.

En los últimos años he intentado hacer los contenidos más accesibles, incluso a aquellos alumnos que puedan padecer alguna discapacidad, visible o no (entre los que he tenido algunos), con apoyos visuales o cognitivos, utilizando un lenguaje claro y preciso, lectura fácil, ritmo pausado, o el uso de color, imagen o diseño de fuentes adecuados, a fin de evitar olvidos en la planificación o distracciones del foco de atención del alumnado, algo que en los últimos años vemos con frecuencia en las aulas, en buena medida consecuencia de la expansión de las redes sociales. Estas adaptaciones también se tienen en cuenta en el sistema de evaluación empleado (especialmente en los alumnos con déficit visual, movilidad reducida o diversidad funcional).

Siempre se aconseja al alumno asistir a clase y no limitarse a memorizar apuntes de cursos anteriores, sino elaborar su propio material a partir de la exposición del profesor, sirviéndose de la bibliografía recomendada para ampliar los contenidos y realizando semanalmente la actividad formativa práctica. Este será uno de los elementos fundamentales de la evaluación.

2.2. Cuestiones prácticas

Una segunda parte de la clase (durante otra hora de la misma sesión) está dedicada a la lectura, análisis y resolución de casos prácticos, extraídos de las bases de datos de la biblioteca de Derecho, algunos tradicionales, que hicieron doctrina penal, y otros recientes, especialmente paradigmáticos o de actualidad. Se recomienda al alumno su búsqueda para así ayudarle a familiarizarse con ella. A diferencia de lo que ocurrió durante el ya extinguido Plan de estudios de 2003 de la Facultad de Derecho de la Universidad de Sevilla, donde las clases prácticas, obligatorias, se impartían desdoblando el grupo de alumnos en dos más reducidos, quedando unos veinte alumnos que se distribuían en aulas pequeñas, en la actualidad, el grupo de mañana que agrupa a las tres titulaciones antes referidas, con una media de noventa alumnos, ha hecho imposible hacer un seguimiento del rendimiento del alumno en el análisis de la práctica como hubiese sido deseable.

Los seminarios en grupos pequeños son para el Grado en Derecho, como para el de Filosofía, el entorno idóneo para fomentar las competencias y habilidades de un futuro jurista o filósofo, entre ellas, la identificación del problema, la capacidad reflexiva, crítica, de argumentación sólida, mediadora, de oratoria, fluidez lingüística, etc., que lamentablemente, por problemas de espacio, no es posible poner en práctica como sería deseable[8].

En las sesiones prácticas recomiendo al alumno ajustar sus respuestas al formato del escrito de calificación penal conforme a la legislación procesal, lo que permite armonizar los contenidos de la asignatura con la de Derecho procesal penal que el alumno estudia en paralelo, familiarizándose así con la praxis jurídica. También se han puesto en valor los conocimientos etimológicos (origen lingüístico de expresiones jurídico-penales), civiles (estudio de la responsabilidad civil nacida del delito), constitucionales (concepto de ley orgánica, etc.) y filosóficos (principios generales del Derecho).

Desde el Plan Bolonia, cuando la asignatura dejó de ser anual para convertirse en cuatrimestral, la herramienta virtual ha sido también utilizada como medio de comunicación con el alumno, si bien he realizado un uso muy limitado, aun sabiendo de las múltiples virtualidades que ofrece, muchas de las cuales no conozco a fondo o preferimos (en general) un manejo más básico, a pesar de que para el curso 2023-2024 se nos anunció una versión nueva más avanzada (ultra).

En cuanto a la tutorización del alumno es importante realizar una labor de atención más personalizada, con habilidades socio-comunicativas en la transmisión de información, empatía, escucha activa y una comunicación verbal clara, con asertividad, confianza y seguridad, hacia el estudiante en general, y en especial, hacia aquellos con algún déficit en el aprendizaje[9]. En este sentido, un aliciente para el estudiante es que sepa que el profesor le conoce, que sabe su nombre, que puede identificarle y dirigirse a él en el aula, dejando de sentirse como alguien anónimo fusionado en el gru-

---

8 Como ponía de manifiesto también el Prof. De Garay Suárez-Llanos, para el Grado en Filosofía, en MURCIA/BARRIOS (2012, 15).

9 PAMPÍN TORRES, Moisés, "Necesidades de apoyo en el ámbito social", Curso *Claves para la comprensión del estudiante universitario con autismo*, 4-6 de octubre de 2023 (2023, 7).

po. Esto siempre me sirvió para fomentar la interacción profesor/alumno. Pues no todos los alumnos lo son por vocación[10] sino a veces buscando una salida profesional o por continuar con la tradición familiar.

2.3. Descripción general de los contenidos. Bloques temáticos

Divido la asignatura entre el estudio del Derecho penal clásico y el Derecho penal moderno. En ambos, existen contenidos interrelacionados con la doble titulación de Filosofía. Saber transmitir estas ideas es fundamental y, en ocasiones, crucial para despertar el interés del alumno por un tema que más adelante puede serlo de su trabajo fin de grado o de máster. Enumero las principales lecciones:

El estudio de la vida como bien jurídico a proteger frente a hechos delictivos

Delimitar el comienzo de la cualidad de persona, de la personalidad jurídica y del comienzo de la vida humana para una adecuada protección penal no ha sido fácil ni incontrovertido a lo largo del tiempo, y no sabemos a ciencia cierta cómo puede verse influenciado el concepto con la aprobación de la ley/reglamento de Inteligencia artificial a partir de los neuroderechos[11], así como con la creación de una realidad virtual en formación denominada metaverso que sea capaz de replicar dinámicas sociales[12], materia que ya se le está haciendo llegar a los alumnos a través de cursos o congresos.

Cuestiones cargadas de un gran trasfondo moral, como la eutanasia o el aborto, son temáticas que trato también en esta lección.

La salud y el derecho a la integridad física y psíquica. Necesidad de un reforzamiento de la salud mental

Uno de los temas claves de la Filosofía es el planteamiento del sentido de la vida y el problema del suicidio. Con ocasión de la celebración por el Vicerrectorado de Servicios sociales de las jornadas "*Hablemos de suicidio*"

---

10 Casos en que existen motivaciones intrínsecas que permiten un aprendizaje estratégico o profundo, ALBERCA REINA, Curso *Recursos para la motivación y atención en el aula presencial y virtual,* 27-28 de noviembre de 2023.

11 Roger CAMPIONE, "Inteligencia artificial y derechos fundamentales", *Semana de la Inteligencia artificial,* Facultad de Derecho, Universidad de Sevilla, 23-27 de octubre de 2023.

12 ORTA PÉREZ, "*Metaverso y empresa*", *Semana de la Inteligencia artificial,* Facultad de Derecho, Universidad de Sevilla, 23-27 de octubre de 2023.

en mayo de 2023, es preciso concienciar a los alumnos (y, en general, a la población) de un problema que, hasta hace relativamente poco tiempo, ha sido tabú, mezcla de estigma y enigma. Para la Filosofía, profundizar en él desde el punto de vista jurídico, resulta esencial. Y, más aún, para el Derecho, por su enorme vinculación con delitos como el acoso (sobre todo escolar) y el maltrato.

El concepto del mal encarnado en el delito y en la pena como retribución a dicho mal es otro de los grandes temas en común a ambas disciplinas, Derecho y Filosofía. Hacer llegar el concepto de psicopatía integrada para saber poner límites a relaciones tóxicas en contextos de maltrato o abusos, susceptibles de generar guiones o patrones patológicos de comportamientos, es otro de los grandes retos. Del mismo modo, corresponde al Derecho, pero también a la Filosofía (jurídica, si se quiere), estudiar la función de la pena impuesta por el crimen cometido, pues ya el propio filósofo prusiano Immanuel Kant destacó en su "*imperativo categórico*" la necesidad y la justicia como fundamento y límite de esta[13]. Junto a otros fines ya clásicos, fruto de un debate doctrinal profuso y añejo de filósofos y juristas (retribución, prevención, conminación, ejemplaridad, reinserción) debe ponerse de manifiesto por ambas disciplinas la labor de pedagogía ciudadana que, entiendo, han tenido las normas penales en los últimos años en la adquisición de pautas de comportamiento en las relaciones humanas: desde la prohibición de ejercer cualquier tipo de violencia (aunque fuere mínima) que impuso la Ley Orgánica 1/2004, de *protección integral contra la violencia de género,* a la necesidad de un consentimiento claro en las relaciones sexuales que trajo consigo la Ley Orgánica 10/2022, *de garantía integral de la libertad sexual* (o "*solo sí es sí*"), para que no haya duda de que quien calla no siempre otorga.

La libertad y la responsabilidad como ejes de la imputación penal. El reforzamiento de la libertad sexual tras la ley del "solo sí es sí"

Uno de los temas cumbres de la filosofía es el del libre albedrío o el del determinismo, de si es posible hacer responsable a un sujeto por haber podido actuar de otro modo a como lo hizo[14], o si no es su libre voluntad sino que son experiencias y modelos de decisión almacenados en el cerebro (sistema límbico) lo que nos llevaría a actuar. Así, no decidiríamos racionalmente sino que decidiríamos lo que de todos modos íbamos a hacer, en

---

13 *Metafísica de las costumbres,* Trad. Jiménez Redondo (2022, 14): "*su necesidad para el mantenimiento de un orden social justo*".

14 ROMEO CASABONA /RUEDA MARTÍN (2023, 87).

la medida en que la persona no decidiría conscientemente sino que sería el cerebro quien induciría ese proceso para luego racionalizar lo que el inconsciente le habría impulsado a hacer[15]. Todo ello determinará la culpabilidad en Derecho penal, entendida en un sentido u otro.

A todo procedimiento que tienda a atentar contra la libertad de la persona, en forma de coacción, amenaza o detención, dedicamos este tema de nuestra asignatura. La libertad sería así entendida como una facultad que "*no consiste tanto en hacer la voluntad de uno como en no estar sujeto a la de los demás; y en no someter la voluntad de otros a la nuestra*"[16].

La dignidad e integridad moral como valores irrenunciables

En esta lección estudiamos los procedimientos de sometimiento de una persona hacia otra en forma de trato degradante, acoso, maltrato, tortura o trata de personas. De especial interés resulta trasladar a los alumnos el concepto de integridad moral (art. 15 de la Constitución)[17], de persona como fin en sí misma y no como medio, y sus derechos a una identidad individual, a un equilibrio psicofísico y a una autoestima adecuada. Frente a personalidades narcisistas o codependientes, es de suma importancia acercar correctamente al alumnado a la importancia de estos bienes jurídicos para evitar que la persona quede degradada a un mero instrumento (sujeta a acosos, linchamientos o *chivoexpiatorización*[18]), a un objeto de pertenencia, dominio o control de otro (maltrato en la pareja o en la familia), o a una simple mercancía (trata). Utilizar, manipular, cosificar, degradar o explotar, son comportamientos hartos frecuentes en la sociedad actual, que hay que saber identificar mediante su estudio, denuncia y castigo.

La solidaridad y el derecho a ser auxiliado por otro

Nos adentramos en esta lección en el estudio del deber de solidaridad genérico o específico de ayuda, a través de la explicación del delito de omisión del deber de socorro en cada vez mayor número de ámbitos, sanitario, en el tráfico rodado, en el marco de la Administración de justicia, por funcionarios públicos o Autoridades, etc.

---

15 GARRIDO/ LATORRE (2023, 28).

16 ROUSSEAU, en DE TORRES GUAJARDO, "Libertad e independencia. Pensamiento y reflexión", en *Vera Rostra, Digital de Pensamiento Jurídico* (2021, 2º párrafo).

17 Que se refiere a la integridad física y a la integridad moral, y no, por ejemplo, a la integridad psíquica, no coincidente totalmente con la segunda para el Derecho penal.

18 PIÑUEL, Iñaki (2021, 197), y en BARRANCO GÁMEZ (2016, 44).

Alcance y límites de la intimidad y el honor

La instauración y consolidación de las TIC en la sociedad actual con la llegada de Internet supuso la creación de nuevas normas protectoras de la intimidad y el honor de las personas cuando los hechos se cometen mediante sistemas de comunicación e información, dando lugar a comportamientos como *child grooming, sexting, hacker* o *phishing*, a los que dedico esta lección. Los nuevos avances en el uso de la inteligencia artificial, como peligro, y a la vez oportunidad para evitar el plagio y respetar los derechos de autor y de propiedad intelectual, así como el derecho a la intimidad ante el sistema de identificación remota o biométrica, será otro de los temas a enfrentar en los próximos años[19].

La disfuncionalidad de la familia como germen de los traumas personales y como entorno delictual

Instituciones como la familia, el matrimonio o la filiación, se estudian en esta lección adentrándonos en delitos muy antiguos, como la bigamia, o en la problemática del "robo de bebés" como una de las grandes lacras de la historia de España.

La salud pública

Se aborda en esta temática todo lo relativo al uso de sustancias tóxicas, en concreto, al uso de medicamentos o productos sanitarios defectuosos, alimentos intoxicados, sustancias dopantes, drogas, estupefacientes, psicotrópicos o precursores. Casos como la talidomida, el aceite de la Colza, el brote de listeriosis por venta de carne mechada en España o la crisis sanitaria por el Covid-19 justifican un tratamiento riguroso y el reforzamiento punitivo de los últimos años por las normas penales.

La educación vial

La comisión de delitos mediante el uso de un vehículo a motor relacionados con la temeridad, el desprecio en la conducción, el quebrantamiento de normas o resoluciones administrativas o judiciales sobre el derecho a conducir, o comportamientos relativos al consumo de alcohol, drogas o empleo de excesiva velocidad, conforman esta lección. El uso en un futuro próximo de un mayor número de vehículos a motor automáticos o roboti-

---

19 MORENO CATENA, "Reflexiones en torno al borrador de la Ley de IA de la Unión Europea", y ESTEPA ALONSO, "Ciberseguridad y ciberdelitos", *Semana de la Inteligencia artificial*, Facultad de Derecho, Universidad de Sevilla, 23-27 de octubre de 2023.

zados[20] en la determinación de la responsabilidad penal vial será otros de los grandes desafíos a tratar.

La importancia de los recursos naturales en el desarrollo de la persona.

La naturaleza (suelo, aire, agua, montes, bosques), incluidas las especies florales, los animales como seres sintientes o "*personas no humanas*"[21], o la protección del arte, son recursos de indudable repercusión en el crecimiento de la persona, algunos de los cuales adquirieron incluso personalidad jurídica[22]. A ellos va dedicada una de las últimas lecciones de la asignatura.

Bibliografía

ALBERCA REINA, Esther: Curso *Recursos para la motivación y atención en el aula presencial y virtual,* ICE, 27-28 de noviembre de 2023.

BARRANCO GÁMEZ, José Manuel (2016): *El acoso laboral como delito y como fenómeno social,* en http://www.eumed.net/libros-gratis/2016/1517/index.htm.

CAMPIONE, Roger: "Inteligencia artificial y derechos fundamentales", *Semana de la Inteligencia artificial,* Facultad de Derecho, Universidad de Sevilla, 23-27 de octubre de 2023, decimosexta mesa, https://tv.us.es/media/SEMANA%20DE%20LA%20INTELIGENCIA%20ARTIFICIAL.%20DECIMOSEXTA%20MESA./1_dmx7wpwp.

DE TORRES GUAJARDO (2021): "Libertad e independencia. Pensamiento y reflexión", en *Vera Rostra, Digital de Pensamiento Jurídico.*

ESTEPA ALONSO, Rafael: "Ciberseguridad y ciberdelitos", *Semana de la Inteligencia artificial,* Facultad de Derecho, Universidad de Sevilla, 23-27 de octubre de 2023, sexta mesa, https://tv.us.es/media/SEMANA%20DE%20LA%20INTELIGENCIA%20ARTIFICIAL.%20SEXTA%20MESA./1_a6wumac2.

GARRIDO GENOVÉS, Vicente / LATORRE, Virgilio (2023): *El monstruo y el asesino en serie. De Frankenstein a Hannibal Lecter.* Ed. Ariel.

KANT, Immanuell (2022): *Metafísica de las costumbres,* Trad. de Jiménez Redondo.

MORENO CATENA, Víctor: "Reflexiones en torno al borrador de la Ley de IA de la Unión Europea", *Semana de la Inteligencia artificial,* Facultad de Derecho, Universidad de Sevilla, 23-27 de octubre de 2023, conferencia de clausura, https://tv.us.es/media/SEMANA%20DE%20LA%20INTELIGENCIA%20ARTIFICIAL.%20CONFERENCIA%20DE%20CLAUSURA./1_t41mp2g4.

MORILLAS CUEVA, Lorenzo (1990): *Metodología y ciencia penal,* Universidad de Granada, Granada.

---

[20] ROMEO CASABONA/MARTÍN RUEDA (2023, 70).

[21] REGAD (2019, 201); VÉLIZ VALENCIA / RAMOS PICO (2020, 271).

[22] CAMPIONE, cit., laguna del Mar Menor (Ley 19/2022), como derecho a existir, evolucionar naturalmente, a la salud, conservación o restauración.

MURCIA, Inmaculada /BARRIOS, Manuel (coord.) (2012): *Nuevas Metodologías docentes aplicadas al Grado de Filosofía, Proyecto de innovación docente de la Facultad de Filosofía de la* Universidad de Sevilla, Sevilla.

ORTA PÉREZ, Manuel: "Metaverso y empresa", *Semana de la Inteligencia artificial*, Facultad de Derecho, Universidad de Sevilla, 23-27 de octubre de 2023, décima mesa, https://tv.us.es/media/SEMANA%20DE%20LA%20INTELIGENCIA%20ARTIFICIAL.%20D%C3%89CIMA%20MESA./1_i8axkaw2.

PAMPÍN TORRES, Moisés: "Necesidades de apoyo en el ámbito social", Jornadas *Claves para la comprensión del estudiante universitario con autismo,* ICE, 4-6 de octubre de 2023.

PIÑUEL, Iñaki (2021): *Mi jefe es un psicópata. Cómo el poder transforma a las personas en psicópatas. Detéctalos a tiempo.*

REGAD, Caroline (2019): "Génesis de una doctrina: el animal como persona natural no humana", en *DA. Derecho Animal. Forum of Animal Law Studies,* Vol. 10, n.º 1, pp. 201-207, https://raco.cat/index.php/da/article/view/349296.

ROMEO CASABONA, Carlos Mª /RUEDA MARTÍN, Mª Ángeles (eds.) (2023): *Derecho penal, ciberseguridad, ciberdelitos e inteligencia artificial. Volumen II, Inteligencia artificial y responsabilidad penal.*

VÉLIZ VALENCIA, Yolange / RAMOS PICO, Joseph (2020): "Los Animales como personas no humanas sujetos de derecho. ¿Nuevo paradigma filosófico-jurídico?", en *Frónesis: Revista de filosofía jurídica, social y política,* Vol. 27, Nº. 3, (Septiembre-Diciembre), págs. 271-288.

VON LISZT, Franz (1926): *Tratado de Derecho penal,* Madrid, Reus, Trad. de 18ª ed. alemana, Quintiliano Saldaña, Tomo I, 2ª ed.

La asignatura de derecho penal. Parte especial II en el doble grado en derecho y filosofía

JARA BOCANEGRA MÁRQUEZ
Profesora Ayudante Doctora

1. CONSIDERACIONES PREVIAS SOBRE EL DOBLE GRADO EN DERECHO Y FILOSOFÍA

El Doble Grado en Derecho y Filosofía de la Universidad de Sevilla nació en el curso 2020-21 (cuenta ya con una antigüedad de cuatro años) bajo la convicción de que ambas disciplinas —el Derecho y la Filosofía— están interrelacionadas, y la idea de lo conveniente de crear un título de carácter interdisciplinar que aunase el estudio de las materias propias de una y otra, al estilo de los Dobles Grados de Derecho y Administración y Dirección de Empresas (ADE), o Derecho y Economía (ECO). Desde su nacimiento el título consta de 408 créditos, distribuidos en 5 cursos anuales, de los que 102 se corresponden con la "Formación Básica", 270 con asignaturas obligatorias, 18 con optativas, 6 con las prácticas externas en el área del derecho, y los 12 restantes con el Trabajo fin de Grado. Las asignaturas del Grado en Derecho se imparten por la mañana en la Facultad de Derecho, y las de Filosofía por la tarde, en la Facultad de Filosofía. Las competencias que se pretenden fomentar en el alumnado son las propias de cada una de las disciplinas, identificándose muchos puntos en común entre ambas. No obstante, podría decirse que en el Grado en Filosofía se trabajan competencias más genéricas, centradas en desarrollar en el alumnado una capacidad de reflexión sobre los diferentes ámbitos del conocimiento humano, entre los que se encontraría el jurídico, y en mejorar su capacidad crítica[1]. En el Grado en Derecho, se trabajan también el razonamiento y la argumentación, pero, como decimos, centrado en esta área específica,

[1] *Vid.* plan de estudios del Doble Grado en Derecho y Filosofía de la Universidad de Sevilla para el curso académico 2023-24, sito en https://www.us.es/estudiar/que-estudiar/oferta-de-grados/doble-grado-en-derecho-y-en-filosofia#edit-group-plani.

figurando entre los aprendizajes específicos perseguidos por el título el desarrollo de la capacidad de leer e interpretar textos jurídicos (E12), y de la dialéctica jurídica (E19), o el análisis de la realidad social desde la perspectiva del derecho como sistema regulador de las relaciones sociales (E07). De esta forma, los conocimientos adquiridos en el área de Filosofía permiten al estudiante aprehender de un modo más ágil las nociones jurídicas, y cuestionar los fundamentos o razón de ser de las normas penales.

Cada edición del título se ha conformado por un único grupo en cuanto que hasta el momento han sido siempre 20 las plazas ofertadas[2]. Ello ha llevado a que, por cuestiones prácticas, al menos en lo que respecta al Grado en Derecho, que es el que me ocupa, se haya previsto la congregación, en una misma aula, de estos alumnos con los que cursan los Dobles Grados de Derecho y ADE, y Derecho y ECO, dando lugar a un vasto grupo de carácter transversal. Así, el grupo M1 al que imparto actualmente la asignatura "Derecho Penal. Parte Especial II", se integra por 17 alumnos/as de Derecho y Filosofía, a los que se unen 52 de Derecho y ADE, 31 de Derecho y ECO, conformando un total de 100 estudiantes.

El perfil del alumnado de Derecho y Filosofía es el de un/a adolescente con grandes intereses culturales —muestra afición por la lectura y el cine, entre otros—, educado, y que no se muestra vergonzoso para participar en clase, antes bien, interviene activamente planteando interesantes preguntas, y aportando también sus propias reflexiones sobre gran variedad de cuestiones abordadas en clase. Es, en definitiva, un/a alumno/a muy agradecido para el profesorado, sin hacer desmerecer al estudiante medio de los dobles grados de Derecho y ADE y Derecho y ECO, que también suele caracterizarse por una participación especialmente activa en clase. En cualquier caso, la elección de la Filosofía como materia objeto de estudio, complementaria al Derecho, ya deja entrever un particular interés cultural y una curiosidad por parte de estos estudiantes, que, por regla general, podríamos calificar de superiores al del resto de alumnos.

2. CONTENIDOS CLAVE DE LA MATERIA

La asignatura "Derecho Penal. Parte Especial II", que imparto este año en el Doble Grado en Derecho y Filosofía, se ubica, dentro del Plan de Es-

---

[2] Véase la presentación y guía del Doble Grado en Derecho y Filosofía en la página web de la Universidad de Sevilla: https://www.us.es/estudiar/que-estudiar/oferta-de-grados/doble-grado-en-derecho-y-en-filosofia

tudios del título, en el segundo curso, y, dentro de este, en el segundo cuatrimestre. Presupone ciertos conocimientos previos de Derecho Penal por parte de los estudiantes, adquiridos en las asignaturas de "Derecho Penal. Parte General", impartida en el primer curso, y "Derecho Penal. Parte Especial I", que estudian los alumnos en el primer cuatrimestre del segundo curso. En la primera —Parte General—, se aborda el concepto mismo de Derecho Penal, sus fundamentos y requisitos de intervención, la construcción dogmática de la Teoría del delito, y, por último, las consecuencias jurídicas del delito (penas y medidas de seguridad, y determinación del cálculo de ambas en los distintos supuestos); nociones todas estas que implican el estudio del libro I del Código penal. Una vez aprehendidos dichos conceptos básicos del Derecho Penal, se inicia en el segundo curso el estudio del Libro II de la citada norma, en el que se recogen todas y cada una de las conductas constitutivas de delito en la actualidad. Como son tantos los delitos existentes, su estudio se divide en dos partes: "Derecho penal. Parte Especial I", y "Derecho Penal. Parte Especial II". En la primera se analizan el primer bloque de infracciones penales presentes en el CP, que abarca desde los llamados "delitos contra las personas" (homicidio, asesinato, lesiones, coacciones, amenazas, injurias, agresiones sexuales, etc.) hasta los delitos contra la seguridad vial, pasando por figuras como los delitos contra el patrimonio histórico o la salud pública. En la Parte II de la Parte Especial, que es la que imparto actualmente, no se hace sino continuar con el estudio de las restantes figuras delictivas. Dicho estudio consiste en aplicar la construcción de la Teoría general del delito, vista en "Parte General" a cada uno de los delitos, o también llamados "tipos penales" que constituyen los **contenidos conceptuales de esta asignatura**, y que son:

I. Delitos patrimoniales:
    1. Hurtos ("Hurto de la propiedad" y "hurto de la posesión")
    2. Robos (Robo con fuerza en las cosas y robo con violencia o intimidación)
    3. Extorsión
    4. Hurto y robo de uso de vehículo a motor o ciclomotor
    5. Usurpaciones
    6. Estafas (dentro de Delitos de defraudación I)
    7. Apropiaciones indebidas (Delitos de defraudación II)
    8. Administración desleal (Delitos de defraudación III)

30. Acusación, denuncia falsa, y falso testimonio

VIII. Delitos contra la Constitución

31. Rebelión
32. Provocación a la discriminación, odio o violencia contra grupos o asociaciones
33. Reuniones o manifestaciones ilícitas y otros

IX. Delitos contra el orden público

34. Atentado, resistencia y desobediencia a la autoridad y sus agentes
35. Tenencia, tráfico y depósito de armas
36. Organizaciones y grupos criminales y terroristas
37. Terrorismo

A pesar de ser una asignatura de 6 créditos (60 h.), la amplitud del temario expuesto lleva a que en la práctica resulte difícil —si no imposible— explicar con detalle todos y cada uno de los epígrafes. Por ello, realizo previamente una selección de las materias, así como aspectos concretos de estas, que considero más importantes, que son los que abordo expresamente en clase, remitiendo el resto a su estudio y trabajo en casa. Para incentivar a los estudiantes a realizar esta labor, establezco una serie de actividades complementarias, de realización voluntaria, sobre los temas no abordados en clase, señalando un plazo de entrega. Una vez finalizado el plazo, según cuál sea el nivel de desarrollo y avance en la materia objeto de explicación en clase, o dedico un pequeño tiempo de la clase a corregir dichas tareas, o, si voy apurada con el temario, "subo" las soluciones de la actividad a la plataforma de enseñanza virtual para que los estudiantes puedan comprobar sus resultados.

Por lo general, la materia objeto de estudio en este segundo bloque de la Parte Especial resulta de entrada menos atractiva al alumnado en comparación con la vista en "Derecho Penal. Parte Especial I". Resulta, desde luego, difícil que delitos como la apropiación indebida o la defraudación fiscal susciten un interés parejo al de delitos contra las personas, como los llamados comúnmente "de sangre" —véase homicidio, asesinato o lesiones. Sin embargo, a través de una alusión continuada en el aula a sucesos reales y, en algunos casos, muy mediáticos, se logra generar entre los estudiantes un interés rápido por contenidos que a primera vista pueden parecer "asépticos" o demasiado complejos.

En lo que se refiere a los **contenidos procedimentales**, entendidos estos como acciones ordenadas y orientadas a la consecución de metas o destrezas, trato de *fomentar el pensamiento crítico y la reflexión en las clases,* planteando continuamente preguntas, a las que los estudiantes tratan de responder, suscitándose interesantes debates cuando las soluciones propuestas por unos y otros se contraponen. En vez de explicar de un modo "unilateral" los contenidos conceptuales —al estilo "el profesor habla y los alumnos transcriben"—, trato de que sean ellos los que extraigan dichos contenidos, planteándoles preguntas, a modo de "enigmas" o "problemas" a resolver. Mi percepción es que, de este modo, los conceptos son asimilados de una manera más rápida y profunda por parte de los estudiantes, toda vez que se sienten partícipes del proceso intelectivo, llevando a cabo, con verdadero interés y satisfacción, preguntas, observaciones y reflexiones críticas. Asimismo, entre las actividades complementarias, de realización voluntaria en casa, suelo incluir dos tareas que contribuyen al desarrollo de competencias que considero claves en la formación de todo jurista: el *manejo rápido y ágil de bases de datos de jurisprudencia, la lectura y comprensión de textos jurídicos* (resoluciones judiciales y obras doctrinales), *la exposición por escrito y de manera clara e inteligible de ideas y reflexiones, y la argumentación jurídica.* Tales tareas son: la redacción de un informe jurídico para un supuesto abogado que les pide ayuda para preparar un caso, y de un dictamen jurídico, en el que, ya no solo tienen que manifestar el estado de una cuestión concreta en el plano jurisprudencial y doctrinal, sino que tienen que aportar una reflexión propia sobre la viabilidad de una pretensión que el supuesto abogado que les escribe quiere defender en juicio.

3. RELACIÓN DE LOS CONTENIDOS CON LA DOBLE TITULACIÓN

Al adentrarse en la asignatura de "Derecho Penal. Parte Especial II", los estudiantes ya cuentan con cierto bagaje de conocimientos, que han adquirido a lo largo del primer año, y la primera mitad del segundo año, del Doble Grado. Han explorado diversas áreas del derecho, desde el Constitucional hasta el Internacional Público, y han cursado asignaturas del Grado en Filosofía especialmente útiles para un jurista, como son la Teoría de la Argumentación o la Ética. Estos conocimientos les proporcionan unos "cimientos", que resultarán especialmente útiles a la hora de dar sentido a las normas penales, véase: de interpretarlas, determinando a qué supuestos concretos de la realidad habrán de ser aplicadas; tarea esta, que requiere del uso de la razón y la argumentación, así como de una sólida comprensión de instituciones y principios jurídicos.

A lo largo de la impartición de la asignatura, se trabajan competencias, cuya consecución se erige en objetivo tanto del Grado en Filosofía, como del Grado en Derecho. Así, en lo que respecta a las competencias específicas objeto del Grado en Derecho, se promueven, entre otras, la aplicación de los principios del derecho y la normativa jurídica a supuestos fácticos (E04), la interpretación y aplicación del ordenamiento jurídico de acuerdo con los valores éticos (E05), el desarrollo de un discurso jurídico correctamente estructurado, tanto de forma oral como escrita (E06), y de la capacidad de leer e interpretar textos jurídicos (E12), la capacidad de redactar escritos jurídicos (E13), y de aplicar las técnicas informáticas en la obtención de la información jurídica (bases de datos de legislación, jurisprudencia, bibliografía, Internet) y en la comunicación de datos (E14), la adquisición de una conciencia crítica en el análisis del ordenamiento jurídico (E15), la capacidad para el manejo de fuentes jurídicas (legales, jurisprudenciales y doctrinales) (E18), o la toma de conciencia de la importancia del Derecho como sistema regulador de las relaciones sociales (E23).

La asignatura, y el enfoque dado a la impartición de su docencia, permite también trabajar competencias propias del Grado en Filosofía, como son la elaboración y defensa de argumentos y la resolución de problemas dentro de su área de estudio (CG02), la capacidad de reunir e interpretar datos relevantes (normalmente dentro de su área de estudio), para emitir juicios que incluyan una reflexión sobre temas relevantes de índole social, científica o ética (CG03), la transmisión de información, ideas, problemas y soluciones a un público tanto especializado como no especializado (CG04), la capacidad para saber orientarse en el mundo de las ideas y de la práctica, con autonomía e independencia de juicio (CG10), la aptitud para dialogar con otros, con flexibilidad mental para apreciar diferentes perspectivas de un mismo problema, defendiendo las propias posiciones, respetando las de los demás y asumiendo las críticas (CG11), el manejo las tecnologías de la información y la comunicación (CG12), o la capacidad de buscar y gestionar recursos bibliográficos, y análisis e interpretación de las diversas fuentes para la investigación histórica (CE30).

4. RECOMENDACIONES PARA EL ESTUDIO DE LA MATERIA POR PARTE DE LOS ESTUDIANTES:

En el contexto de la labor docente, considero crucial que los estudiantes adopten un enfoque estratégico para el estudio de la materia. Aunque se proporcionan materiales visuales y esquemáticos sobre los contenidos conceptuales abordados en clase (las diapositivas que se proyectan), se recalca la idea de que estos constituyen herramientas de carácter complementario para el estudio de los temas, incidiéndose en que un aprendizaje integral de la materia requiere de la consulta de primera mano de la legislación penal y de obras doctrinales (principalmente el manual recomendado para la asignatura). Asimismo, se subraya la importancia de evitar un estudio exclusivamente memorístico de los contenidos, remarcando la inutilidad de este tipo de aprendizaje. Se insiste en la necesidad de la comprensión racional de la materia para superar la asignatura, lo que implica el ejercicio y desarrollo de la lógica y del "arte" de la dialéctica (dialogar, argumentar y discutir). En suma, se transmite a los estudiantes la relevancia de poner en práctica las siguientes estrategias:

- ➔ Consulta de fuentes primarias y secundarias: Se recomienda encarecidamente a los estudiantes que consulten la legislación pertinente, incluyendo el Código Penal y cualquier legislación complementaria relevante. Además, se sugiere la revisión de manuales y obras doctrinales para obtener una comprensión más profunda de los temas tratados en clase, y, en su caso, la consulta de concretas resoluciones judiciales.
- ➔ Evitar el estudio memorístico: En lugar de simplemente memorizar los contenidos, se insta a los estudiantes a comprender los principios y conceptos subyacentes. Se remarca que, si bien la memoria es una herramienta útil, un verdadero dominio de cualquier materia presupone su comprensión a través de un ejercicio de la razón.
- ➔ Desarrollo del pensamiento crítico: Al aplicar el método del caso de cara a la exposición de los contenidos conceptuales, se fomenta el pensamiento crítico y analítico de los alumnos. A su vez se les muestra la eficacia de la reflexión sosegada para la resolución de problemas —ya jurídicos, ya de cualquier clase, con los que tengan que lidiar a lo largo de sus vidas—.
- ➔ Enfoque en la lógica y el razonamiento: Unido a lo anterior, y para incentivar un trabajo de los contenidos conceptuales basado efectivamente en la lógica y el razonamiento, las pruebas de evaluación de los contenidos conceptuales, mediante las que se examina a los estudiantes, tienen un carácter eminentemente práctico. Se evitan las preguntas sobre datos que solo requieran respuestas memorísticas, como las relativas al artículo concreto del Código penal donde se recoge tal o cual delito, o la duración en años de las penas privativas de libertad previstas para los distintos delitos. En su lugar, se plantean preguntas que involucran un ejercicio de razonamiento, y la puesta en práctica de habilidades críticas y analíticas. Véase un ejemplo: "A" sustrae el bolso a "B", pero, acto seguido, es persegui-

do por un policía que presencia los hechos y que finalmente le da alcance y le detiene, a pesar de "A" trata (infructuosamente) de zafarse propinando patadas y empujones. Califique jurídicamente la conducta atendiendo a la regulación de los delitos patrimoniales y a la jurisprudencia mayoritaria en esta materia.

PERSPECTIVA FILOSÓFICA

La asignatura de teoría del conocimiento II en el doble grado en derecho y filosofía

Jesús Navarro
Profesor Titular de Universidad

En la Universidad de Sevilla, el Doble Grado en Derecho y Filosofía surge del convencimiento de que estas dos disciplinas académicas pueden complementarse ofreciendo una formación integral a los egresados que, a un tiempo, les permita el día de mañana trabajar como juristas y adoptar una perspectiva reflexiva más amplia sobre su propia práctica jurídica. Dado que los estudios en Derecho ya incluyen una Filosofía del Derecho, la idea es que el Grado en Filosofía les aporte una perspectiva distinta, basada en la confrontación con los grandes interrogantes generales que orientan la reflexión filosófica. Uno de esos interrogantes es el del conocimiento —¿en qué consiste el conocimiento humano y cuáles son sus límites?—, cuestión central de la epistemología. De ahí que una de las materias de formación obligatoria en estos estudios sea la Teoría del Conocimiento, que a su vez está dividida en dos asignaturas cuatrimestrales: Teoría del Conocimiento 1 y 2. El presente escrito presenta la segunda de estas asignaturas en ese contexto, resaltando los aspectos de la misma de mayor relevancia para la formación de egresados con esta doble titulación.

En la primera sección trazo las líneas fundamentales de la asignatura de Teoría del Conocimiento 2: su temática y el enfoque metodológico con el que la planteo. En la segunda sección esbozo la historia reciente de esta disciplina a fin de presentar algunos de los consensos que articulan sus debates en la actualidad. En la tercera apunto una serie de problemáticas de la epistemología legal, apuntando líneas de trabajo donde la confluencia de estas dos disciplinas es necesaria. Finalmente, en la cuarta sección concluyo resaltando la fecundidad del planteamiento metodológico adoptado en esta asignatura para afrontar este ámbito de cuestiones.

1. APROXIMACIÓN A LA TEORÍA DEL CONOCIMIENTO

La teoría del conocimiento, o epistemología[1], se ocupa ante todo del conocimiento humano: de su naturaleza, sus distintos tipos, sus condiciones (¿qué es *necesario* para conocer algo, y cuándo hemos hecho lo *suficiente*?) y sus limitaciones (¿hasta dónde llega lo que podemos saber y con qué seguridad podemos saberlo?). Se ocupa también de cómo el conocimiento se relaciona con otras facultades humanas, como la racionalidad, la confianza o la comunicación, así como de las diversas funciones que tiene en nuestras sociedades y las complejas dinámicas sociales en las que se lo produce y comparte (Craig 1999). También, como apuntaré después, hay otros bienes epistémicos más allá del conocimiento que compete a la epistemología analizar.

Hay dos grandes enfoques metodológicos posibles a la hora de desarrollar esta disciplina: uno histórico y otro temático. Tradicionalmente, la asignatura de Teoría del Conocimiento 1 ha solido adoptar el primero de estos enfoques, mientras que en Teoría del Conocimiento 2 me he atenido al segundo. En particular, desde que la he tenido a mi cargo, he venido impartiéndola con una metodología *analítica*. Esto quiere decir que partimos del análisis lingüístico o conceptual del fenómeno del conocimiento —cómo hablamos de él, cómo lo atribuimos, cuándo estamos dispuestos a reconocerlo, qué implicaciones tiene esa atribución, cómo es concebible en el marco de otras disciplinas filosóficas y las contribuciones de las ciencias empíricas...— para intentar responder a los grandes interrogantes que cabe formular al respecto. Desde esta perspectiva metodológica, la historia de la filosofía y, en concreto, la historia de la teoría del conocimiento aparece como un recurso que, si bien es útil y necesario, no constituye el *objeto* prioritario de nuestra atención. De hecho, en esta asignatura doy por sentado en los estudiantes un conocimiento básico de esa historia, que ya han debido cursar la primera asignatura, de forma que hago referencia al canon de los filósofos de la tradición, pero centro la atención fundamentalmente en el estado de los diversos debates que articulan esta disciplina en la actualidad[2].

---

1 En algunos contextos, fundamentalmente en lengua castellana, se distingue entre teoría del conocimiento y epistemología reservando este último concepto para la teoría del conocimiento científico. Seguiré aquí la convención, más establecida fuera de nuestras fronteras, de considerarlos como sinónimos.

2 No considero en absoluto que la metodología analítica sea la única válida —y de hecho se puede encontrar en mi (2010) para una defensa del pluralismo y el mestizaje metodológico en la filosofía actual. En la llamada filosofía "continen-

Es muy difícil definir el conocimiento en toda su generalidad. En lugar de aportar una gran definición neutra que abarque todas sus manifestaciones, se suele comenzar por describir las tres maneras fundamentales que tenemos de atribuirlo, en función de la distinta forma lógica de esa atribución:

(1) S sabe que *p*.

(2) S sabe cómo j.

(3) S conoce X.

La primera forma atribuye lo que se denomina "conocimiento proposicional", indicando que el sujeto tiene una cierta actitud psicológica, la de tomar por verdadero, con respecto a una proposición *p* (que representa cualquier hecho: desde que París es la capital de Francia hasta que el agua hierve a 100ºC o Marcos está deprimido). Esa actitud es categórica (cuestión de sí o no), y no gradual (como una estimación de probabilidades), si bien admite de grados menores a la certeza absoluta. El punto de partida tradicional a este respecto es considerar que esa actitud proposicional no puede tenerse de forma caprichosa o arbitraria, sino que S ha de estar *justificado* a creer que *p* es el caso, estando bien apoyada en las evidencias relevantes. Además, es una intuición generalizada también que, para que S sepa *p*, ha de ser verdad que *p* —pues de lo contrario S sólo creería que *p*, quizás de forma justificada, pero, al estar en un error, no podría propiamente *saberlo*. Este requisito es conocido como la condición *factiva* del conocimiento: si S sabe que *p*, entonces es un hecho que *p*, o, lo que para muchos autores viene a ser lo mismo, *p* ha de ser verdad. Eso explica que sea una "infelicidad" lingüística desconcertante sostener "S sabe que *p*, pero *p* es falso".

Una parte fundamental de la asignatura se dedica a estudiar con detenimiento cada una de estas tres condiciones por separado (creencia, justificación y verdad), que componen lo que se conoce como "el análisis tripartito": un conjunto de condiciones necesarias y suficientes para que haya conocimiento del tipo proposicional (Ichikawa, 2014).

---

tal", amalgama de posiciones teóricas que suele considerarse como el opuesto a la filosofía analítica, hay otras aproximaciones a la epistemología que tienen planteamientos metodológicos y objetivos teóricos muy diferentes de los que esbozaré aquí, algunos de los cuales considero muy valiosos. Pero dada la heterogeneidad de esos planteamientos y la dificultad de entrelazar sus contribuciones de manera significativa con el discurso que articularé aquí, considero más acertado que esta asignatura tenga de manera dominante un enfoque analítico.

La supuesta necesidad de cada una de las tres condiciones del análisis tripartito ha sido objeto de controversia, pero lo que ha suscitado mayor debate en tiempos recientes es la asunción de que, de manera conjunta, estas tres condiciones puedan ser *suficientes* para que el sujeto sepa. Al menos desde el celebérrimo artículo de Edmund Gettier (1963), hay un reconocimiento casi unánime de que esto no es así: por muy bien definidas que estén, conjuntamente estas tres condiciones no son suficientes, pues pueden cumplirse en algunas ocasiones sin que estemos dispuestos a atribuirle conocimiento a S. Esto ocurre, concretamente, cuando, aun teniendo una creencia verdadera y justificada, S acierta por pura casualidad en la verdad, y no fue su justificación ni sus evidencias las que lo condujeron al acierto.

Si bien el problema Gettier es más o menos claro (no tiene conocimiento quien acierta en la verdad por pura casualidad), no lo es en absoluto la solución, y una buena forma de aproximarse a las distintas inclinaciones teóricas de la epistemología de las últimas décadas comienza por explorar esas posibles soluciones (a lo que volveré después).

Con independencia de cuál sea la solución más viable al problema Gettier, el análisis tripartito es simplemente inválido, al menos a primera vista, con respecto a los otros dos tipos de conocimiento que habíamos identificado, pues no se atribuye a S ninguna relación especial con una proposición verdadera. En el caso de (2), lo conocido es una actividad, j, es decir: algo que S podría *hacer*, desde cocinar crêpes, hasta educar a sus hijos o realizar operaciones logarítmicas. Quien sabe cada una de estas cosas sabe *hacer* algo, lo cual no parece equivalente a conocer que son verdades ciertos hechos —al menos si tiene razón Ryle (1949)[3]. Más bien parece que el saber-hacer consista en la habilidad o competencia para hacer ciertas cosas correctamente en los contextos apropiados. Y, con respecto a (3), cuando un sujeto conoce X, que puede ser algo o alguien, nos referimos habitualmente a que tiene cierta familiaridad *directa* con ese objeto o esa persona, como cuando decimos que alguien conoció la guerra, el estado de la vivienda que alquila, o al presidente del club al que pertenece). Probablemente demos por sentado que cuando S conoce algo o a alguien directamente también conoce ciertas verdades al respecto, pero no parece que el conocimiento por familiaridad se reduzca a ese conocimiento pro-

3 La aparición de la postura intelectualista de Stanley y Williamson (2001) rompió este consenso. Introducciones recientes al debate acerca de la naturaleza del saber hacer pueden encontrarse en Pavese (2021) o Navarro (2022).

posicional, que S podría haber obtenido sin familiaridad directa con su objeto (por ejemplo, porque alguien de fiar le haya informado)[4].

Si bien la teoría del conocimiento se ha ocupado muy prioritariamente del conocimiento proposicional, las otras dos formas de conocimiento también pertenecen a su ámbito de estudio. De hecho, me inclino a pensar que el conocimiento proposicional no es siquiera comprensible sin los otros dos, con los que mantiene interesantes relaciones conceptuales, muchas de las cuales están por explorar. Y, en un sentido aún más amplio, la teoría del conocimiento se ocupa también de otros estados o bienes epistémicos que puede que no se reduzcan tampoco al de conocimiento en ninguna de sus tres acepciones, como por ejemplo la racionalidad epistémica (como capacidad de formar creencias por razones apropiadas), la comprensión (como capacidad de *entender* cosas) o la sabiduría (que integra lo sabido en una perspectiva más amplia, conectándolo apropiadamente con la praxis y tomando consciencia ante todo de las propias limitaciones). No sólo del conocimiento trata la epistemología.

2. LOS GIROS DE LA EPISTEMOLOGÍA RECIENTE

Tradicionalmente, la epistemología había estado marcada por un ideal que la alejaba, en tanto que disciplina académica, de las atribuciones de conocimiento de la vida real, como las que hemos descrito. Ese ideal es lo que se conoce como *infalibilismo*, consistente en la consideración de que, propiamente, el conocimiento debería ser un estado infalible, por completo incompatible con la mera posibilidad del error (Reed, 2012). El infalibilismo responde a una cierta interpretación del requisito de que el conocimiento implica verdad: dado que el conocimiento no es compatible con el error, el epistemólogo infalibilista interpreta que el sujeto que sabe debe estar completamente vacunado contra la falsedad, de modo que su tomar por verdadero no sería compatible con la mera posibilidad de haberse equivocado formando creencias con la justificación de que disponía. El conocimiento sería completamente incompatible con el "riesgo epistémico", entendido como la posibilidad del error (Navarro, 2023). El problema es que, si imponemos una exigencia tan elevada a las atribuciones epistémicas, todas ellas quedan en realidad excluidas, pues *nada* de lo que decimos saber en la vida real lo sabemos de modo infalible. Siempre

---

[4] Acerca del conocimiento por familiaridad de objetos, ver Duncan (2021); de personas, Benton (2017).

es posible encontrar una hipótesis escéptica que, por descabellada que sea, es estrictamente irrefutable en tanto que posibilidad, una hipótesis que, caso de ser cierta, nos desproveería de verdad. ¿Quiere eso decir que no conocemos nada? Tal vez no: más bien puede que signifique que el concepto de conocimiento con el que vivimos no es el de los filósofos, al menos en la medida en que, tradicionalmente, han estado guiados por ese ideal infalibilista. Cuando decimos, siquiera tentativamente, que el conocimiento es creencia verdadera justificada, queremos decir que está formada con evidencia *suficiente*, no con evidencia absoluta e irrefutable. Si resultara que, con la definición de la que partimos, la inmensa mayoría de nuestras atribuciones de conocimiento resultaran estar mal —lo que se conoce como una "teoría del error" radical—, tendríamos una buena razón para preguntarnos si no será en realidad la definición misma la que está mal.

De ahí que la epistemología actual tienda a ser más *particularista* que *metodista*, según la afortunada distinción de Roderick Chisholm (1982). Es decir: que tome como punto de partida el análisis de casos particulares de conocimiento, en vez de empezar por una definición cerrada, supuestamente intuitiva, que los casos tengan que venir a satisfacer. El particularismo propone aceptar con anterioridad la validez de los casos, y construir a partir de ellos el concepto. Y lo que el análisis de los casos particulares nos dice es que atribuimos conocimiento aun en situaciones donde el error era posible —con tal de que no fuera efectivo, o al menos no estuviera demasiado cerca, en el sentido de que habría sido demasiado fácil que nos equivocáramos.

El debate acerca del infalibilismo se centra en la naturaleza de la justificación, y en si ésta ha de ser lo suficientemente firme como para evitar *por completo* la posibilidad del error. En busca de un fundamento infalible, los planteamientos que inauguraron la filosofía moderna fueron mayormente fundacionistas (racionalistas o empiristas), e intentaron encontrar una sólida base sobre la que apoyar todo el edificio del saber: aquello que intuimos de manera clara y distinta, y que nos parece indubitable; o aquello que percibimos con los sentidos, en la medida en que nos atenemos a la descripción de las apariencias, infiriendo desde ellas con sumo cuidado cuáles son los hechos en el mundo más allá de nuestra mente.

En la etapa inicial de la epistemología reciente, ocupando los dos primeros tercios del siglo XX, los diversos fundacionismos fueron predominantes, aunque en constante disputa con la alternativa del *coherentismo*. Según el coherentismo, nuestro conocimiento no se apoya en fundamentos últimos indubitables, ni intuiciones puras ni percepciones, sino en la coherencia que se establece entre todo aquello que creemos[5].

¿Hemos de entender el conocimiento como una pirámide, al modo fundacionista, a la que podemos encontrar sólidos cimientos de una vez y para siempre, o más bien, al modo coherentista, como una especie de balsa, que sólo se mantiene a flote gracias a nuestros constantes ajustes? Esta disyuntiva parecía ineludible hasta que, a partir de los años 80, se fue asumiendo que puede ser superada. Según la celebérrima analogía de Ernesto Sosa, el conocimiento no es ni como una pirámide ni como una balsa, sino como la actuación de un arquero (1980, 2007). No es una estructura que se sostiene o flota, sino un *logro* que alguien consigue. Al igual que el arquero manifiesta su puntería cuando da en la diana por mérito propio, el que sabe acierta en la verdad manifestando sus virtudes epistémicas.

Este cambio de perspectiva, lo que se conoce como el "giro agencial", tuvo lugar gracias a aparición de la llamada "epistemología de virtudes", que pasó a centrar la atención en el *agente* epistémico. Mientras que el sujeto, central en la perspectiva heredera del pensamiento moderno, era el lugar de las representaciones, el agente como nuevo eje de la epistemología es quien es *capaz* de llevar a cabo objetivos tanto prácticos como epistémicos: logra hacer las cosas que se plantea y, en concreto, logra formular y responder preguntas, resolver enigmas, encontrar soluciones a sus interrogantes. El problema Gettier —¿por qué hay casos de creencias justificadas verdaderas que no son conocimiento?— obtenía así una posible resolución: conocimiento, al menos en el caso del conocimiento proposicional, es lo que obtenemos cuando nuestro acierto en la verdad manifiesta nuestras competencias cognitivas (nuestra vista, nuestra memoria, nuestra inteligencia, nuestra confianza en la palabra de otro...), en vez de por pura suerte. Si bien hay ocasiones en que sabemos por suerte (por encontrarnos, por ejemplo, en el lugar apropiado), hay muchas otras en las que la suerte invalida la atribución de conocimiento. ¿Cuándo y por qué? A fin de responder a esta pregunta, la cuestión de la "suerte epistémica" se convirtió en un problema central de la teoría del conocimiento, cuya resolución parece requerir de una definición apropiada de las competencias, capacidades y virtudes epistémicas, y de lo que cuenta como su apropiada manifestación (Pritchard 2005, Sosa 2021).

---

[5] Fundacionistas influyentes fueron Chisholm (1982) o Bonjour (2019). Coherentista, Lehrer (2008).

Al acometer este giro agencial, la epistemología se despegó, al menos parcialmente, de otra de sus asunciones originales: el internismo. Según el internismo, las condiciones fundamentales del conocimiento han de ser definibles desde el interior de la mente del sujeto. Respondía ese internismo al ideal cartesiano que nos dice que, si sabemos algo, hemos de ser capaces de averiguarlo desde la soledad de nuestra mente, consiguiendo salir de algún modo al 'mundo externo'. Frente a ese punto de partida, el externismo, sostiene que la mejor perspectiva a la hora de describir y analizar en qué consiste el conocimiento no está dentro de la mente del que sabe, sino fuera: atendiendo a cómo se relaciona con ese mundo en el que actúa[6]. De la mano del llamado "fiabilismo", lo fundamental de la perspectiva externista es considerar en qué condiciones se da el acierto en la verdad (Goldman 1999). Así, cuando el fiabilismo se combina con una perspectiva agencial, como la antes descrita, pasamos a entender el conocimiento como ejercicio de competencias fiables. Si bien es cierto que algunas inclinaciones internistas sobrevivieron al giro agencial, fundamentalmente a la hora de dar cuentas de las virtudes de la responsabilidad (relativas a la perspectiva interna del agente), el externismo tiene hoy en día predominancia en epistemología.

Las dos últimas décadas han asistido a un nuevo giro de la epistemología, en esta ocasión hacia una perspectiva más social, o incluso política. Si el conocimiento no cabe entenderlo como rasgo de nuestras creencias justificadas, en su capacidad para representar los hechos, sino que exige atender al agente que persigue la verdad, es difícil sostener que podamos entenderlo adecuadamente atendiendo únicamente a los rasgos del individuo que sabe. Más bien parece que hayamos de atender a cómo los agentes colaboran en el contexto social: cómo adquieren y desarrollan sus competencias a través de la educación y de la formación, cómo se les reconoce el conocimiento y otros bienes epistémicos cuando intentan transmitirlos, cómo aprenden a reconocerlos en otros. Para la epistemología, en definitiva, se convierte en problema central cómo fluye el conocimiento a través de nuestras prácticas sociales, y cómo lo adquirimos y construimos en común (Fricker et al, eds., 2020).

---

6 No es preciso entender ese "fuera" como una perspectiva omnisciente o trascendente. Por el contrario, se lo suele entender desde una actitud naturalista, ya sea como descripción más amplia de lo que es y hace el agente desde una perspectiva realista o 'manifiesta' (según la expresión de Sellars), o en consonancia con la descripción científica de la naturaleza humana (al modo de Quine).

Ahora bien: en el momento en que tomamos propiamente consciencia de este carácter social de la epistemología resulta inevitable reconocer que las tensiones políticas que caracterizan a nuestras sociedades también afectan de manera ineludible a nuestras prácticas epistémicas. Este giro social y político caracteriza las aproximaciones más recientes de la teoría del conocimiento, que han puesto en el foco cuestiones como la injusticia testimonial, la marginalización epistémica, la polarización doxástica, los desacuerdos profundos, la epistemología de grupos, la proliferación de falsas noticias, la resistencia a la evidencia, o la formación de cámaras de eco y burbujas epistémicas en contextos digitales. Este último problema se inscribe en la denominada "epistemología de internet", que se centra en las dinámicas de producción y transmisión de conocimiento los contextos digitales que, cada vez más, articulan nuestras relaciones sociales y políticas, con especial atención a la incidencia de las nuevas tecnologías basadas en la inteligencia artificial.

Resumiendo: tras una primera época marcada por la teoría de la justificación (con predominio del fundacionismo, en confrontación con el coherentismo, y sobre la base de un internismo bastante generalizado), la epistemología reciente ha acometido dos giros sucesivos que caracterizan las propuestas actuales: un primer giro agencial, a partir de la década de 1980, por el que pasó a tomar como centro de su análisis al agente y sus competencias (generalmente desde una perspectiva externista); y un segundo giro social y político, ya entrando en el siglo XXI, que reubicó la problemática en el contexto de las sociedades humanas y las tensiones que les son propias en la lucha por la igualdad y el reconocimiento político. Ninguno de estos giros habría sido concebible sin el abandono del ideal infalibilista, pues ni los logros humanos individuales pueden nunca garantizar el éxito cognitivo, ni nuestros sistemas sociales, decididamente imperfectos, opacos y desiguales, pueden generar prácticas epistémicas que fundamenten conocimiento indubitable. Pero lejos del ideal de un conocimiento infalible, las nuevas problemáticas constituyen un punto de partida muy fructífero para una disciplina que, tras miles de años de historia, parece estar en plena efervescencia.

3. EPISTEMOLOGÍA JURÍDICA Y PROBLEMÁTICAS AFINES

El planteamiento falibilista, tamizado por el giro agencial primero y por el giro social y político después, abre la posibilidad de que la epistemología tenga por objeto prioritario el conocimiento con el que vivimos, con el que nos orientamos en la vida real, tomando decisiones que van desde lo intrascendente y cotidiano hasta situaciones de vida o muerte. La epistemología se convierte así en una pieza clave para entender nuestra propia vida y la sociedad que compartimos, presentando la necesidad de encontrar un espacio teórico capaz de aunar contribuciones de distintas disciplinas, ámbitos y tradiciones que pugnan por representar el único conocimiento genuino. Así, frente a un planteamiento metodista en particular, el cientificismo, que asumía las contribuciones científicas como conocimiento canónico ante el cuál otras pretensiones epistémicas no podrían sino palidecer, la epistemología actual se presenta más plural y diversa, asumiendo que en el enorme crisol de lo que sabemos se funden contribuciones sí, de las distintas ciencias, pero también de la experiencia personal, de la cultura cotidiana, y de expertos de la más diversa procedencia. Es la fiabilidad del acierto lo que habrá de determinar el pedigrí epistémico de cada contribución, en función de la materia de que se ocupe.

Esta perspectiva plural de la epistemología actual ha hecho de ella una disciplina de especial relevancia para entender el funcionamiento de ámbitos como la política, el periodismo o el derecho, donde las prácticas sociales, aun en tensión con otros vectores e inclinaciones, están orientadas hacia la verdad de manera especialmente relevante.

Y es que el derecho es un campo donde la búsqueda de la verdad desempeña funciones esenciales. La práctica legal tiene como uno de sus objetivos principales la elucidación de los hechos, la determinación de lo ocurrido, empleando constantemente conceptos de fuertes implicaciones epistémicas, como los de prueba o evidencia, los argumentos, las dudas y sospechas, el testimonio de testigos y expertos, la deliberación y el juicio, todo ello en procesos que deben idealmente apoyarse en competencias epistémicas, sustentándose en lo que conocemos, y no en meras opiniones. En esta línea, un ámbito muy desarrollado de la epistemología reciente es la epistemología legal, que afronta todo el espectro de problemas filosóficos que subyace a la práctica del derecho (Gardiner 2019).

Una cuestión central en la epistemología legal es, por ejemplo, cuál es el estándar de demostración aceptable en un caso civil o penal, lo cual admite distintos grados en función de lo que está en juego en cada momento del proceso. Ciertos cursos de acción, como iniciar un procedimiento administrativo o imponer una sanción menor, pueden tener estándares relativamente relajados, basados en cierta "preponderancia de la evidencia", mientras que sentencias penales con consecuencias severas deben basarse en aquello que queda demostrado fehacientemente, o "más allá de toda duda razonable", respondiendo a exigencias más rigurosas. Ha sido defendido que este estándar puede defenderse en términos estrictamente epistémicos, consistiendo en la exigencia de *saber* (Blome-Tillmann, 2017). Por ejemplo: el juez sólo debería emitir un veredicto de culpabilidad si *sabe* que el acusado es culpable, lo cual requeriría haber descartado ciertas posibilidades relevantes, pero no toda especulación concebible. Si lo que se exige del juez que dicta sentencia es que *sepa,* la práctica legal se apoya en estándares altos pero falibles, que son, como veíamos antes, los que subyacen a las atribuciones epistémicas.

Otra pregunta fundamental de la epistemología legal es qué condiciones extra-epistémicas cabe imponer a la evidencia para que tenga un valor probatorio conforme a derecho (Smith, 2018). No se trata aquí de *cuánta* evidencia es requerida para la emisión del juicio, como en la pregunta precedente, sino de qué *tipo* de evidencia es aceptable, pues puede haber razones de índole no epistémica —prudenciales, morales, políticas, económicas,...— para justificar la exclusión de cierta evidencia probatoria que, no obstante, sería intachable desde el punto de vista estrictamente epistemológico. Por ejemplo: en un procedimiento judicial puede haber evidencia que no debe de ser considerada por el modo ilegítimo como se obtuvo, dado que se vulneraron derechos del acusado (como en casos de torturas, violaciones de la privacidad o accesos no autorizados). ¿Hasta qué punto socavan estas limitaciones las funciones estrictamente epistémicas del proceso judicial? ¿Es aceptable que las prácticas jurídicas den la espalda a la verdad por razones morales o procedimentales? ¿Cómo se resuelven estas tensiones entre el objetivo epistémico de la verdad y el valor de la justicia, que parece orientar de forma soberana la práctica jurídica?

Una cuestión relacionada pero distinta es si cierto tipo de evidencia, con independencia de la legitimidad del procedimiento por el que se obtuvo, es en sí misma válida como prueba de culpabilidad, siquiera *pro tanto* (es decir, incrementando la justificación epistémica, aunque sea de manera no concluyente). Muy estudiado ha sido el caso de la evidencia puramente estadística, basada en el perfil del acusado (Littlejohn, 2020). Ciertas características sociales pueden aducirse como justificación para considerar una mayor *probabilidad* de que el acusado o acusada fuera culpable, hasta el punto de que la evidencia estadística llega a ser desorbitada en ciertos casos, muy por encima de cualquier estándar razonable. Pero si se trata de evidencia meramente estadística, que no vincula en particular a la persona acusada con aquello que se le imputa, la mayoría de los sistemas legales la consideran simplemente inválida. Por ejemplo: el hecho de que una persona esté bajo el umbral de la pobreza, sea alcohólico o esté racializado puede correlacionarse estadísticamente con una alta probabilidad de culpabilidad en ciertos contextos, pero en muchos marcos jurídicos esto sería completamente válido como evidencia probatoria. ¿Por qué? La respuesta no puede ser la mera falibilidad de la prueba porque otras evidencias que vinculan concretamente al acusado con el acto, también son falibles, podrían por tanto inducir a error, suponiendo en ocasiones incluso un riesgo epistémico más elevado. En este punto se formula la conocida como "paradoja de la prueba" (Redmayne, 2008), según la cual pruebas estadísticamente muy fiables pueden merecer menos credibilidad que pruebas menos fiables, pero que atañen específicamente al acusado, y no sólo al tipo social al que pertenece. A este respecto, compiten planteamientos probabilísticos con sistemas teóricos modales, basados en la fiabilidad o sensibilidad del juicio. Central a estos planteamientos es que la deliberación ha de tomar en consideración no sólo la probabilidad, sino también la cercanía de posibilidades: algo podría ser estadísticamente probable, pero estar sólo sujeto a errores "lejanos" modalmente, que sólo podrían ocurrir si se dieran ciertos hechos difícilmente posibles (Pritchard, 2022).

Ante este ámbito de problemas, la epistemología no puede evitar la formulación de preguntas socialmente incómodas. ¿Qué justifica la limitación procedimental de la evidencia, o el carácter ilegítimo de la evidencia meramente estadística? ¿Acaso no constituye un logro epistémico lo que se sabe con esos procedimientos cuando son altamente fiables? ¿Hasta qué punto puede el posible daño moral que se ocasiona al acusado al emitir un juicio basado en estereotipos y perfilamiento social obviar la injusticia que se ocasiona a la víctima, al quedar impune el delito que sufrió, o incluso el daño epistémico que sufre por no *saber* qué fue lo que ocurrió? ¿Limitan estos condicionantes, basados generalmente en el principio de presunción de inocencia, no sólo los juicios en el ámbito legal, sino incluso nuestros propios juicios personales y las actitudes reactivas que albergamos contra otros (como la culpabilización o el rencor, por ejemplo)? ¿Y se imponen estas limitaciones sólo al veredicto o también a la deliberación epistémica? Es decir: ¿puede *saber* el juez con esa evidencia ilegítima algo que, no obstante, no puede utilizar como argumento para su veredicto? ¿O la limitación llega hasta el tuétano de la deliberación epistémica, y propiamente no puede *saberlo*?

Según esta última interpretación, el problema reside en que razones morales y jurídicas parecen estar legitimadas para constreñir el juicio estrictamente epistémico, algo conocido como *intrusión* pragmática o intrusión moral (Fantl y McGrath, 2007; Basu 2019). Pero la problemática inversa también es posible, y ha sido objeto de controversia: puede que haya ciertos aspectos de la ley y de los procedimientos que inducen sistemáticamente a formas de injusticia epistémica (testimonial, hermenéutica o de otros tipos), generando fuentes de injusticia legal que obstruyen de manera inaceptable *el descubrimiento de la verdad y el reconocimiento de lo sabido*. El caso #MeToo, por ejemplo, ha sido muy discutido, apuntando a la necesidad de revisar los estándares de credibilidad para evitar que generen el tipo de injusticia epistémica prejuiciosa que afecta a nuestras sociedades.

Este último caso es un ejemplo del especial interés que tiene en el contexto legal la epistemología del testimonio y, en particular, la epistemología del testimonio experto. Una enorme parte de lo que sabemos lo sabemos por delegación a través del testimonio de otros, lo cual depende de la adecuada administración de la confianza epistémica (Hawley, 2019). Ésta parece ser adecuada en función de la confiabilidad (*trustworthiness*) del testigo, lo cual depende de su competencia y de su buena voluntad. Depende de su competencia por la normatividad que rige al acto de habla de la aserción que, según una perspectiva influyente en tiempos recientes (Williamson, 2002), parece seguir una norma de conocimiento (*no debes aseverar aquello que no sabes*). Pero depende también de una condición de buena voluntad, en la medida en que sólo has de creer al hablante si no intenta engañar[7]. No es posible la institución del testimonio en el marco jurídico sin esa mínima capacidad para el discernimiento de la competencia epistémica y de la buena voluntad, aunque si ese requisito se hace demasiado exigente la transmisión testimonial se vuelve demasiado costosa, o incluso inviable. Y una dificultad especialmente complicada es la determinación de la buena voluntad del testigo. Los procesos legales incluyen formas expresas de vincular al hablante con su palabra de manera que los compromisos asertivos queden manifiestos, como la declaración bajo promesa o juramento. En contextos de interrogatorios, además, es preciso encontrar un equilibrio entre la necesidad de obtener información, el requisito de que esa información sea fiable y rigurosa y el respeto a la libertad del testigo y su integridad personal (Lackey, 2023), otro campo donde la epistemología y la teoría legal interaccionan fecundamente.

Adicionalmente, la epistemología legal está muy relacionada con la epistemología de grupos, pues persigue también dilucidar de qué modos los jurados y jueces pueden formar creencias colectivas a través de procesos deliberativos que pueden tener lugar conforme a procesos racionales de agregación de juicios, así como con la epistemología del desacuerdo entre pares, en la medida en que estas deliberaciones pueden verse afectadas por

---

7 Para una aproximación epistemológica a la mentira, ver Grimaltos y Rosell (2021).

diversidad de opiniones donde ninguno de los contendientes ostenta una posición de experto (List y Pettit, 2011).

Por último, terminando con este acercamiento nada exhaustivo al ámbito de cuestiones que explora la epistemología legal, cabe señalar que ésta no sólo se ocupa de la determinación de los hechos en procesos penales, sino también de los estados epistémicos que cabe atribuir a los propios implicados: si sabían o no lo que estaban haciendo y las implicaciones de sus actos, o si conocían la ilegitimidad de los mismos conforme al marco legal establecido. La ignorancia de la ley no exime de su cumplimiento, pero puede suponer un elemento crucial en la atribución de culpabilidad y en la exigencia de restitución del daño. ¿Cómo deberíamos entender los criterios epistémicos del agente en la comisión de imprudencias y negligencias, por ejemplo, y qué es exactamente la *mens rea*, entendida como el conocimiento o conciencia de sus propios actos que tuvo el acusado o acusada en el momento de perpetrar una conducta ilícita? Es precisa también una teoría del conocimiento que sustente este aspecto tan habitual en la práctica jurídica.

4. CONCLUSIÓN

En este capítulo he presentado la asignatura de Teoría del Conocimiento 2 del Grado en Filosofía en el contexto del Doble Grado en Derecho y Filosofía por la Universidad de Sevilla. En primer lugar, he hecho una somera descripción de la epistemología, o teoría del conocimiento en sentido amplio, para pasar a esbozar a muy grandes rasgos su historia reciente y los relativos consensos que caracterizan el estado actual, concretamente dentro de la filosofía analítica contemporánea. No he querido sostener que lo que he presentado como posturas dominantes en la actualidad (el falibilismo, la perspectiva agencial, el externismo o el giro social y político) sean posiciones generalizadas, ni que hayan generado ya un consenso definitivo en el campo. Por el contrario, la filosofía en general, y la epistemología en particular, se caracterizan por no cerrar nunca del todo ninguna de sus disputas, y en ello consiste su riqueza y la apertura de su futuro. Pero espero haber mostrado que estos planteamientos teóricos ofrecen un punto de partida prometedor a la hora de articular algunas de las cuestiones epistemológicas fundamentales que afectan a la práctica jurídica, de manera que la asignatura de Teoría del Conocimiento 2 aparece, de forma convincente, como uno de los ejes centrales que han de articular estos estudios.

Bibliografía

Basu, R. (2019). Radical moral encroachment: The moral stakes of racist beliefs. *Philosophical Issues, 29*(1), 9-23. https://doi.org/10.1111/phis.12137

Benton, M. A. (2017). Epistemology Personalized. *Philosophical Quarterly, 67*(269), 813-834. https://doi.org/10.1093/pq/pqx020

Blome-Tillmann, M. (2017). More Likely Than Not' Knowledge First and the Role of Bare Statistical Evidence in Courts of Law. En J. A. Carter, E. C. Gordon, & B. W. Jarvis (Eds.), *Knowledge first: Approaches in epistemology and mind* (First edition, pp. 278-292). Oxford University Press.

Bonjour, L. (2019). *Epistemología* (M. Cañas, Trad.). Universidad Pedagógica Nacional.

Chisholm, R. M. (1982). *Teoría del conocimiento* (V. Peris Mingueza, Trad.). Tecnos.

Craig, E. (1999). *Knowledge and the State of Nature.* Oxford University Press. http://www.oxfordscholarship.com/view/10.1093/0198238797.001.0001/acprof-9780198238799

Duncan, M. (2020). Knowledge of things. *Synthese, 197*(8), 3559-3592. https://doi.org/10.1007/s11229-018-01904-0

Fantl, J., & McGrath, M. (2007). On Pragmatic Encroachment in Epistemology. *Philosophy and Phenomenological Research, 75*(3), 558-589.

Fricker, M., Graham, P. J., Henderson, D. K., & Pedersen, N. J. L. L. (Eds.). (2020). *The Routledge handbook of social epistemology.* Routledge.

Gardiner, G. (2019). Legal Epistemology. En D. Pritchard (Ed.), *Oxford Bibliographies: Philosophy.* Oxford University Press.

Gettier, E. (1963). Is Justified True Belief Knowledge? *Analysis, 23,* 121-123.

Gettier, E. L. (2013). ¿Una creencia verdadera justificada es conocimiento? *Disputatio. Philosophical Research Bulletin, 3,* 185-193.

Goldman, A. (1999). *Knowledge in a Social World.* Oxford University Press.

Grimaltos, T., & Rosell, S. (2021). *Mentiras y engaños: Una investigación filosófica* (1a. ed). Cátedra.

Hawley, K. (2019). *How To Be Trustworthy* (1.a ed.). Oxford University Press. https://doi.org/10.1093/oso/9780198843900.001.0001

Ichikawa, J. J., & Steup, M. (2014). The Analysis of Knowledge. En E. N. Zalta (Ed.), *The Stanford Encyclopedia of Philosophy* (Spring 2014). http://plato.stanford.edu/archives/spr2014/entries/knowledge-analysis/

Lackey, J. (2023). *Criminal Testimonial Injustice.* Oxford University Press.

Lehrer, K. (2008). *Theory Of Knowledge.* Westview Press.

Littlejohn, C. (2020). Truth, knowledge, and the standard of proof in criminal law. *Synthese, 197*(12), 5253-5286. https://doi.org/10.1007/s11229-017-1608-4

Navarro, J. (2010). *Cómo hacer filosofía con palabras: A propósito del desencuentro entre Searle y Derrida.* Fondo de Cultura Económica. http://www.fcede.es/site/es/libros/detalleslibro.asp?IDL=7032

Navarro, J. (2022). Saber-cómo (o saber hacer). En *Enciclopedia de la Sociedad Española de Filosofía Analítica*. Sociedad Española de Filosofía Analítica. http://www.sefaweb.es/saber-como/

Navarro, J. (2023). Epistemic Luck and Epistemic Risk. *Erkenntnis, 88,* 929-950. https://doi.org/10.1007/s10670-021-00387-9

Pavese, C. (2021). Knowledge How. En E. N. Zalta (Ed.), *The Stanford Encyclopedia of Philosophy* (Summer 2021). Metaphysics Research Lab, Stanford University. https://plato.stanford.edu/archives/sum2021/entries/knowledge-how/

Pritchard, D. (2005). *Epistemic luck.* Oxford University Press.

Pritchard, D. (2022). In defence of the modal account of legal risk. *Synthese, 200*(4), 290. https://doi.org/10.1007/s11229-022-03693-z

Redmayne, M. (2008). Exploring the Proof Paradoxes. *LegalTheory, 14,* 281-309.

Reed, B. (2012). Fallibilism. *Philosophy Compass,* 7(9), 585-596. https://doi.org/10.1111/j.1747-9991.2012.00502.x

Ryle, G. (1967). *El concepto de lo mental.* Paidós.

Smith, M. (2018). When Does Evidence Suffice for Conviction? *Mind, 127*(508), 1193-1218. https://doi.org/10.1093/mind/fzx026

Sosa, E. (1980). The Raft and the Pyramid: Coherence versus Foundations in the Theory of Knowledge. *Midwest Studies In Philosophy,* 5(1), 3-26. https://doi.org/10.1111/j.1475-4975.1980.tb00394.x

Sosa, E. (2007). *A Virtue Epistemology: Apt Belief and Reflective Knowledge 1.* Clarendon Press.

Sosa, E. (2021). *Epistemic explanations: A theory of telic normativity, and what it explains.* Oxford University Press.

Stanley, J., & Williamson, T. (2001). Knowing How. *The Journal of Philosophy, 98*(8), 411-444. https://doi.org/10.2307/2678403

Williamson, T. (2000). *Knowledge and its limits.* Oxford University Press.

La asignatura de antropología filosófica en el doble grado en derecho y filosofía

Francisco Rodríguez Valls
Profesor Titular de Universidad
Vicedecano de Docencia y Ordenación Académica

1. INTRODUCCIÓN

Como resultado del proyecto, financiado por la Convocatoria de Ayudas de Innovación y Mejora Docente (Convocatoria 2016, Ref. 1.10A. Innovación estratégica de titulaciones) de la Universidad de Sevilla, se publicó en el año 2017 el libro *Material Didáctico Introductorio a las Áreas de Conocimiento de la Filosofía*. Su coordinadora fue la Profª Inmaculada Murcia Serrano. Se publicaron ejemplares en soporte físico cuya edición corrió a cargo de la Editorial Fénix y se le asignó a la obra su correspondiente ISBN (978-84-946316-7-2). Ese material de innovación docente, junto con otros semejantes también elaborados por equipos docentes de la Facultad, está bajo el régimen de libre acceso y descarga gratuita en la Web de la Facultad de Filosofía de la Universidad de Sevilla: https://filosofia.us.es/recursos/materiales-docentes. Entre los materiales del libro del año 2017 se encuentra un capítulo específicamente dedicado a la *Antropología Filosófica* (pp. 5-21), asignatura diseñada en el plan de estudios del Grado en Filosofía para impartirse en el primer cuatrimestre del primer curso.

El objetivo de estas páginas no es repetir, ni tampoco desarrollar, lo que ya se expuso en ese otro texto. Su fin específico es orientar al alumnado del Doble Grado en Derecho y Filosofía en algunos aspectos estudiados por la *Antropología Filosófica* que no pueden detallarse suficientemente por falta de horas de docencia presencial si se imparte, como es el caso, de forma transversal con el alumnado del Grado en Filosofía y que les resultarían útiles en el marco general de su formación. Habría que prestar una atención más expresa, si se tiene presente a este alumnado, a contenidos que fundamenten la necesidad humana de un ordenamiento jurídico (necesidad universal del derecho) y que, al mismo tiempo, justifiquen la pluralidad de los sistemas jurídicos (diversidad cultural del derecho).

El contexto ideal para adecuar la asignatura a los intereses de conocimiento del alumnado matriculado en esta titulación sería contar con un grupo específico para ella donde pudieran desarrollarse suficientemente esos contenidos. Eso, a su vez, justificaría la necesidad de una mayor coordinación con las materias impartidas en la Facultad de Derecho y, más específicamente, con las vinculadas al Área de Conocimiento de Filosofía del Derecho para evitar repeticiones y profundizar con más eficacia, cada uno en sus materias, definiendo un horizonte donde se integren armónicamente las competencias y contenidos que se buscan alcanzar con el Doble Grado en Derecho y Filosofía.

2. CONTENIDOS CLAVE DE LA *ANTROPOLOGÍA FILOSÓFICA*

En el capítulo dedicado a la *Antropología Filosófica* en los materiales de innovación docente ya publicados y citados, cuya lectura se recomienda y del que estas páginas son un complemento, se desarrolla, en el punto dedicado a la descripción general de los contenidos, la diferencia entre la *Antropología Filosófica*, la *Filosofía sobre el Ser Humano* y la *Psicología Racional*. En la página 8 se concluye con una afirmación que conviene recordar aquí:

> La *Antropología Filosófica* recoge los temas clásicos de la *Filosofía del Hombre* y de la *Psicología Racional*, pero añade otros que se han convertido en imprescindibles desde su nacimiento en el siglo XX y precisamente por haber nacido en ese siglo. Temas como la historia o la cultura o bien otros que tienen que ver con la existencia más que con la esencia, tales y como la enfermedad, el dolor, la muerte, la angustia, etc.

Conforme a ello, el programa de contenidos de la materia tiene dos objetivos principales: a) presentar la naturaleza físico-biológica y cultural del ser humano en aquellos aspectos comunes y aquellos otros que lo diferencian de forma específica de los animales no humanos y b) someter esos datos a una evaluación filosófica rigurosa para extraer conclusiones que se puedan sostener racionalmente. Un aspecto relevante y actual, aunque es un ejemplo entre otros muchos, que resultaría de interés mostrar al alumnado del Doble Grado en Derecho y Filosofía es el contenido que se refiere a la condición técnica del ser humano. La repercusión directa que tiene esta dimensión humana en la transformación de la vida social puede motivar al alumnado de la titulación si se llama su atención sobre que algunas creaciones técnicas como la *Inteligencia Artificial* comportan el nacimiento de nuevos tipos de relaciones humanas que requieren ser reguladas, en ocasiones con urgencia, en los diferentes ordenamientos jurídicos.

3. CONCRECIÓN DE LOS CONTENIDOS CLAVE DE LA *ANTROPOLOGÍA FILOSÓFICA* PARA EL ALUMNADO DEL DOBLE GRADO EN DERECHO Y FILOSOFÍA.

Apuntaré en esta parte del texto algunos aspectos que podrían desarrollarse en un grupo específico de alumnado de la titulación y como orientación a los que la cursan transversalmente con el alumnado del Grado en Filosofía para que, a partir de ellos, consideren descripciones e ideas que deben tener presentes al diseñar y construir los marcos teóricos de su formación.

3.1. Las diferentes maneras de actuar de los seres inertes y de las entidades biológicas en la Naturaleza

La acción de los seres naturales es diferente según las estructuras ontológicas que posean. Es acertado seguir, en este sentido, el aforismo escolástico que afirma que "el obrar sigue al ser" (*operari sequitur esse*): cada ser actúa según las posibilidades que le permite su condición natural. El abanico que va desde ofrecer una resistencia pasiva a la acción del medio, la respuesta impulsiva o instintiva en la que no media conocimiento consciente, aquella que mejora su eficacia por el aprendizaje o el hábito o aquella otra que, además, puede crear nuevos sentidos en la naturaleza y hacerlos continuamente más complejos muestran las diversas posibilidades de un mundo en el que, al final, todo está interconectado y en el que todo depende de todo.

La peculiaridad de la ética y del derecho y la constante reflexión sobre ellos que muestra la historia humana en la evidencia de su continua reelaboración, hace que el animal humano aparezca como una especie singular frente a otros seres vivos y, en concreto, a otras especies de animales no humanos, también de aquellos que le son biológica y genéticamente más cercanos y a los que la etología ha prestado especial atención a partir de la segunda mitad del siglo XX: chimpancés comunes, gorilas, orangutanes y bonobos. La disciplina que estudia el comportamiento animal ha buscado cuidadosamente los orígenes de la conducta humana en la comparación con la conducta de los grandes primates. Parte de los etólogos han apreciado, sin embargo, singularidades irreductibles entre los humanos y las otras especies que son objeto de su estudio: a) que el ser humano pueda plantearse fines diferentes a los que marca la necesidad biológica (supervivencia individual y del grupo y reproducción), b) que el poder y la autoridad no tengan como única fuente la fuerza sino también el diálogo y la búsqueda de consensos y c) la presencia de un altruismo desinteresado que sitúe entre los fines de su acción ética y jurídica otras esferas del planeta a las que se siente obligado a cuidar, indican una peculiaridad en la especie a la que pertenecemos y que justifica que la Filosofía tenga al ser humano como uno de los objetos propios y principales de su estudio.

Como orientación para entender las "rarezas" de nuestra especie, propongo una tesis formulada en el siglo XIX y desarrollada a lo largo de todo el siglo XX: aquello que explica el comportamiento del ser humano es su necesidad de búsqueda autoconsciente del sentido de la propia existencia dentro del entorno sociocultural al que pertenece, una búsqueda que se abre al diálogo con otros sistemas socioculturales y, además, entra en conversación con el resto de la historia humana.

3.2. La expresión del ser humano en la cultura

En el programa de contenidos se incluye una justificación de por qué su corporalidad no permite al ser humano competir con posibilidades de éxito con otras especies animales y, en consecuencia, el motivo que ha llevado a entenderlo desde antiguo (*v.g.* mito de Prometeo) como un ser "biológicamente inviable". La forma en la que ha medrado no se comprende por su especialización biológica sino por haber sido capaz de construir medios distintos a su organismo que ha usado para aumentar artificialmente sus capacidades naturales. Producir objetos diferentes de su cuerpo y usarlos de acuerdo con los propósitos que quiera otorgarles es lo que define de forma muy general el sentido de la cultura, término que, por su importancia, es objeto específico de estudio del alumnado en el segundo cuatrimestre del primer curso de la titulación tanto del Grado en Filosofía como del Doble Grado en Derecho y Filosofía en la asignatura dedicada monográficamente a la exposición de la *Filosofía de la Cultura.*

Concretando el término cultura en los términos que puede interesar de manera especial al alumnado del Doble Grado en Derecho y Filosofía en la asignatura *Antropología Filosófica,* la necesidad de organización colectiva en medios ambientes naturales diferentes y desemejantes niveles de complejidad social explica la existencia de órdenes jurídicos distintos emanados de una misma naturaleza social y política del ser humano. El derecho, entendiendo por tal el sistema promulgado de normas nacido de la necesidad humana de nacer, vivir y colaborar con otros seres humanos, es un universal humano que cristaliza en cada creación cultural específica que tiene el propósito de ajustar las condiciones concretas en las que aparece y se desarrolla lo humano (naturales, sociales e históricas) a los fines que el principio organizador de la sociedad establezca como prioritarios. Posiblemente una expresión óptima de la esencia del derecho sea concebirlo, en terminología acuñada por Hegel, como una de las dimensiones del "Espíritu Objetivo". Abundando en el significado de esos términos, la creatividad humana abre espacios en los medios ambientes en los que habita produciendo técnicas que no solo le van permitiendo vivir sino vivir cada vez mejor. Con instrumentos cada vez más elaborados y eficaces, el ser humano gana en seguridad al disminuir la incertidumbre y la ansiedad de tener que buscar alimento o cobijo cada vez que tiene hambre o siente frío. Puede adelantarse al peligro y prevenirlo y, con el reparto de funciones sociales, encargar a otros que garanticen el bienestar de los miembros de la comunidad, especialmente de los más necesitados. Esos medios y actividades cuajan en productos que usar cuando se requieren: un arado para el cultivo, una casa para guarecerse, un altar donde venerar, un espacio donde impartir y recibir justicia, etc. Las acciones que se realizan para alcanzar los fines que se persiguen con esos productos implican otras nuevas y distintas de las que se realizan en el contacto inmediato con la naturaleza. Es diferente salir a recolectar o a cazar que hacer girar el tiempo social en torno a la cosecha o al cuidado de los animales destinados al consumo. La acción humana se separa de lo que hace el resto de los animales: ya no se limita a arrancar un fruto o a matar una presa para comer. El proceso para producir grano o consumir leche o carne requiere de técnicas complejas y precisas que, además, se van perfeccionando y abarcan todo el ciclo solar. Ello afecta a la dinámica social y crea relaciones nuevas entre los seres humanos que comienzan a ser fuente de conflictos que hay que solucionar y, en la medida de lo posible, prevenir y evitar. El origen del sistema jurídico se intuye, más allá del uso inmediato de la fuerza sobre un sujeto o la advertencia al grupo ante una circunstancia concreta, en la complejidad de los nuevos entornos de la acción humana para los que no hay dotación instintiva que los resuelva sino, en todo caso, una tendencia al bien propio y al bien común que hay que concretar y hacer saber a todos en cada momento.

Puede decirse, como conclusión del esquema propuesto, que los sistemas jurídicos nacen bajo la forma de normas (escritas o no, pero siempre promulgadas y presentes en la conciencia pública) que rigen la convivencia social y están dirigidas a la protección de los miembros que la comunidad reconoce como tales y de los bienes que les permiten garantizar su vida y su contribución al grupo del que forman parte. De alguna manera no secundaria, la noción de persona está unida a su reconocimiento como sujeto de derechos y la convierte, en todas las dimensiones posibles, en el centro y en el sentido del derecho.

3.3. Dos términos clave, a modo de ejemplo, para la comprensión jurídica y filosófica del ser humano que hay que explicitar en la asignatura Antropología Filosófica

Es lógico pensar que el alumnado que se matricula en el Doble Grado en Derecho y Filosofía lo hace porque, además de querer conocer el sistema legal de España y de la Comunidad Europea en su contexto internacional, desea comprender por qué nos vinculan y obligan esas normas y no otras y los problemas que hacen previsible que se adecúen a los cambios a los que se adivina que van a enfrentarse. Nuestro alumnado busca conocer no solo cuál es el derecho que rige un momento histórico particular de un sistema sociocultural concreto sino la pregunta, esencialmente filosófica, de *¿qué es el derecho?* Dos nociones clave, a modo de ejemplo de otras muchas posibles, cuyo estudio puede ayudar a cumplir ese objetivo y que se tratan expresamente en *Antropología Filosófica* son los términos "autoridad" y "fiesta".

a) Autoridad

La pregunta que articula este concepto en cualquier grupo social y político es: "¿por qué los muchos obedecen a los pocos?". También en la ética tiene su sentido esa misma cuestión si se formula de la siguiente manera: "¿por qué alguien sigue la palabra o el ejemplo de otro?". Voy a esbozar una respuesta, indagando en la etimología de la palabra "autoridad", que permita abrir al alumnado del Doble Grado en Derecho y Filosofía un horizonte de investigación en la comprensión del sentido filosófico del derecho que es a lo que responden, finalmente, los diferentes sistemas jurídicos que ha producido el ser humano.

La palabra latina *auctoritas* indica la cualidad que caracteriza de forma esencial al *auctor.* El significado del término "autor", derivado directamente del latín, ha sido pensado en el siglo XX especialmente por la filosofía hermenéutica dado su interés en comprender la existencia humana, personal e histórica, en analogía con lo que hace el escritor o autor literario con su obra.

La relación entre la fuente y el origen de la norma que hacen nacer e imperan al cumplimiento de la ley y los sujetos éticos o políticos que la obedecen e interpretan es similar a la que existe entre el *autor* de un relato cuando lo fija y resuelve los problemas de la trama y los *actores* que deben representarlo de la manera más ajustada posible al guion. La filosofía que ha centrado su atención en el ser humano y lo ha entendido desde los fundamentos establecidos por el existencialismo, nacido en el siglo XIX y desarrollado a lo largo del siglo XX, ha postulado la categoría de "identidad narrativa" como la interpretación clave para entender tanto al sujeto personal a lo largo de su biografía como a la comunidad sociopolítica a lo largo de su historia. Esta categoría explica que la identidad es un proceso complejo en el que el autor que establece el argumento y el actor que lo representa son uno y el mismo sujeto: uno mismo debe hacerse cargo y ser el responsable final del relato de su propia vida y de ser capaz de asumir su autoría firmando la historia completa con nombre y apellidos. La "identidad narrativa" define lo propio del sujeto ético y político como aquel que establece sus propias normas y está obligado a cumplirlas con la flexibilidad o la rigidez que como sujeto autónomo considere oportuno: la identidad del sujeto es el resultado de realizar las decisiones de su libertad. Esa perspectiva no solo es importante para entender la condición de cada persona sino también para entender cómo se producen las identidades culturales de los sistemas políticos.

Cuando la libertad se propone como fundamento de la convivencia social surge una responsabilidad compartida irrenunciable. Es más fácil a largo plazo obedecer que mandar. La democracia es el mejor de los sistemas políticos posibles porque todos sus elementos éticos están obligados a mantenerla viva, pero es también la más frágil porque es común que muchos cedan su responsabilidad con la libertad, tanto personal como social, por el peso que supone examinar continuamente su situación y decidir los siguientes pasos de su marcha y evolución. No es fácil ser autor y creador. Cualquiera que lo haya intentado lo sabe. Si no hay compromiso con la libertad ni se siente su peso, se está en riesgo de perderla. Los fracasos engendran sentimiento de culpa y es más fácil culpar que ser culpable o sentirse culpable. Las omisiones, por su parte, hacen que los que tienen el poder, generalmente con bastante rapidez, lo asuman por el "bien" de su desinteresada comunidad y se hagan responsables de su "felicidad" a cambio de ejercer en su nombre la libertad a la que por dejación ha renunciado la mayoría. En una comunidad política, en la que se hace mucho más que vivir juntos en un espacio común, la libertad es libertad realizada entre todos y, al escribir las normas que rigen su ejercicio, todos somos autores y actores en el entramado colectivo (esa es la esencia de la autoridad democrática: todos se dan las normas y todos se comprometen a cumplirlas).

Pero nos falta señalar todavía el origen de la "autoridad": ¿cómo se alcanza un estado de "autoridad" y cómo se reconoce la "autoridad"? Reconocer como autoridad significa descubrir un poder que quien lo posee puede ejercer a voluntad de manera eficaz y controlada. Hay teorías del origen del poder que lo sitúan en la costumbre de que siempre se ha ejercido por alguien determinado sin que haya memoria de su inicio. Esa doctrina, válida en el desarrollo histórico del poder y que se encuentra expuesta con argumentos sólidos en varios de los ensayos políticos del filósofo escocés David Hume, retrasa enfrentarse al por qué, que también es ético y no solo político, del reconocimiento de un carisma que convence, por sí mismo y no por la fuerza, de que es bueno y justo seguir aquello que aconseja o de lo que da testimonio con su conducta. Un poder que cumple lo que promete y en el mismo sentido en que lo promete engendra en quien lo escucha tanto esperanza como temor de ser objeto de su don o de su castigo. En el caso del bien surge la confianza, fundamento de toda fe, de que obrar conforme a lo que dice es garantía suficiente del cumplimiento de la promesa. Si se tiene confianza en la ley como un poder eficaz de bien y justicia se esperará alcanzar la paz social y el establecimiento del bien común, fines generales que legitiman la acción política. Reconocer la autoridad es acompañar a instaurar la justicia, de las muchas maneras en que eso puede hacerse, a aquel o a aquellos que pueden prometer hacerlo de manera fiable poniéndose a sí mismos como garantía del cumplimiento de su promesa.

b) Fiesta

Así como hemos hecho al plantear la pregunta que ha guiado la orientación que se ha dado sobre el término "autoridad", el interrogante cuya respuesta puede contribuir de una forma suficiente a entender el significado del término "fiesta" es: ¿por qué el ser humano necesita, con el amparo del derecho, invertir las normas que rigen lo cotidiano y, en consecuencia, que la norma se quiebre y se transgreda en circunstancias especiales?

La fiesta es un tiempo "especial" que, cuando lo que se celebra es importante, afecta a todo el espacio de la comunidad. Como es sabido, las categorías de espacio y tiempo tienen una larga tradición de estudio en la Historia de la Filosofía y de la Ciencia por su relevancia en la configuración de lo que los seres humanos entienden por "realidad". El ser humano se comprende en un espacio y en un tiempo y, en consecuencia, las relaciones que guarde con ellos modelan de manera sustantiva sus formas específicas de comportamiento natural y simbólico. Estar en un aquí y en un ahora, en contacto con la tierra y el instante, es la conexión inmediata con una realidad que hay que saber enfrentar para poder alcanzar los fines tanto personales como sociales.

¿Por qué el derecho valida y consagra de manera universal un tiempo especial del que forman parte sustantiva la comida abundante, la bebida, la risa, el canto, el baile, el juego y cultos más solemnes? La fiesta se vive como liberación de la esclavitud del trabajo y de la obligación de cada día. Es como se "debería" vivir si estuviéramos en el paraíso. De hecho, la fiesta tiene dos dimensiones: memoria del paraíso perdido y anticipo del paraíso por venir y en el que culminará toda la fatiga y todo el esfuerzo en que consiste "normalmente" la existencia. Festejar y celebrar es retornar a un edén del que, por algún motivo culpable, fuimos expulsados y del que debemos hacernos dignos y recuperar a través del esfuerzo restaurando y haciendo fructificar el mundo que nuestro pecado ha herido. El sudor y las lágrimas son consustanciales a lo "ordinario". La fiesta transfigura momentáneamente el mundo para que el ser humano pueda volver a pasear por el Jardín del Paraíso. Además, alguna vez, podremos encontrarnos con el Dios que también deambula por él buscando al ser humano y disfrutar un rato de su compañía y de su conversación.

La fiesta es necesaria para el descanso del cuerpo y del alma y señala que, aún en la esclavitud, el ser humano conserva una dignidad irrenunciable. La inversión de roles que se produce, por ejemplo, en la celebración de las Saturnales romanas, en la que por un día los señores sirven a los criados, expresa un reconocimiento del tema, clave en el Barroco, pero universal en sus manifestaciones a lo largo de la historia, del Gran Teatro del Mundo. Se reconoce, en el fondo, que ha sido el azar o el mayor saber de los dioses (con frecuencia caprichoso e incluso arbitrario) el que ha repartido los papeles que se interpretan en el espectáculo y que la asignación de roles podría haber sido completamente diferente.

Esa situación que hemos descrito no implica que la transgresión de la norma implique el amparo del delito y del crimen. La transgresión de la norma está sujeta a una regulación que está tras el fin que se persigue con ella: el objetivo es la "santificación" de la fiesta, por decirlo con una expresión del ámbito cultural cristiano. No es la locura del ebrio lo que se persigue, es el entusiasmo (etimológicamente, "estar lleno de dios") de una alegría que se desborda al ver, por fin, el lado hermoso del tapiz que tejemos en la vida y que nos es dado contemplar solo en contadas ocasiones.

La fiesta puede acabar en borrachera, desenfreno y desorden que favorece la comisión del crimen. La figura del borracho, que es habitual en la fiesta, no es lo que persigue la celebración. El borracho como ser marginal que "bebe para olvidar que bebe", en expresión lograda de *El Principito* de Saint-Exupéry, está presente en la fiesta, pero molesta incluso en ella. Se tolera, pero no es su fruto deseado. Festejar busca que el ser humano se muestre y aparezca en su verdadera condición más allá de las máscaras y de las convenciones sociales: verse independientemente de la función instrumental que debe desempeñar para contribuir a la comunidad a la que pertenece. Contemplar lo "realmente real" del ser humano es el sentido de la fiesta. Es comprensible y natural que, en ella, al encontrarse a sí mismo y al contemplar cara a cara el sentido último de los empeños de su vida, el ser humano se llene de alegría, se dé a la conversación para comunicarla y, en cierta medida, goce del vino que hace chispear el éxtasis en el corazón del hombre e, incluso, se ponga a bailar. La fiesta da sentido y razón a lo cotidiano como fin de la norma y del trabajo. La fiesta es el estado final de la comunidad humana. En ella, todo ser humano reconoce la necesidad de todos los demás y, por ello, el valor de todas y cada una de las tareas de los seres humanos que la lucha diaria oculta con demasiada frecuencia. La fiesta es el esfuerzo que hace el derecho para abrir un tanto el velo que cubre el rostro de Isis y cuya visión anhelan como el estar en casa todos los corazones humanos.

4. RECOMENDACIONES PARA EL ALUMNADO

A las recomendaciones enunciadas en el documento general del que estas páginas son un complemento, hay que añadir una que tiene que ver con la diversidad de intereses, horizontes y convergencias específicos de la titulación del Doble Grado en Derecho y en Filosofía tanto en la investigación de las diferentes materias que la componen como en el ejercicio profesional para el que la titulación capacita. Al inmenso campo laboral de la práctica jurídica y de las cada vez mayores posibilidades de empleo en el mundo de la Filosofía que no se relacionan directamente con la docencia, se une que las decisiones sobre el horizonte de estudio del alumnado no deben forzarse ni conformarse hasta que las ideas de qué es la Filosofía y de qué es el Derecho se precisen con cierta nitidez. La opción profesional por la práctica jurídica que se esfuerza por conocer los fundamentos teóricos de la norma y no se contenta con la aplicación mecánica de los diversos códigos legales, aquella otra que se decanta por un planteamiento más especulativo y que, atendiendo a las leyes vigentes que regulan la convivencia de sociedades específicas, desea comprender con hechos el comportamiento de la racionalidad y de la libertad del ser humano en general y una más que deriva hacia unos campos y otros optando en ocasiones entre la Filosofía y el Derecho, son posibilidades del alumnado que no suelen despejarse con rapidez y que tampoco es conveniente que se decidan sin haber alcanzado la suficiente madurez. La recomendación específica para el alumnado de la titulación, en una materia como la *Antropología Filosófica* con la que se encuentra en el mismo inicio de sus estudios, es que alcance sin urgencias durante sus años de formación un horizonte lo más completo posible tanto de la Filosofía como del Derecho.

Es aconsejable que el alumnado desarrolle un ritmo de estudio ambicioso que no lo convierta en especialista demasiado pronto, aunque, como resultado de su esfuerzo y de la forja de sus metas, tendrá con cierta frecuencia que definir objetivos e intereses que le ayuden a organizar su plan de trabajo y que impliquen un cierto posicionamiento sobre la Filosofía o el Derecho. Esas legítimas decisiones acaban por descubrir campos desconocidos y focalizan la atención sobre objetos insospechados en un inicio que cristalizan en desarrollos profesionales que, tras obtener la titulación, realizarán de forma concreta la unidad entre las temáticas que el alumnado pretendía alcanzar al matricularse.

5. CONCLUSIÓN

La Antropología tiene recursos suficientes como para poder ofrecer al alumnado del Doble Grado en Derecho y Filosofía una perspectiva amplia de temas de interés comunes a los dos ámbitos del conocimiento. No hay que olvidar, por ejemplo, que entre los primeros estudiosos de la antropología sociocultural abundaban los juristas. Por ese motivo, el ideal para esta materia sería contar con un grupo exclusivo de alumnado que curse esta titulación. Es necesario que la viabilidad de ese objetivo se plantee cuando el título esté implantado y, al evaluarlo para su verificación, se cuente con datos fiables sobre tasas de graduación y empleos que estén desempeñando los egresados. En ese momento será incluso más necesaria, si ese único grupo es posible, una coordinación mayor entre las materias para evitar repeticiones injustificadas en los contenidos y para progresar en cada curso apoyándose en lo que debe conocer el alumnado por las asignaturas que ha estudiado en los años anteriores. Mientras tanto, los esfuerzos de coordinación a cualquier nivel siempre son fructíferos incluso si se llega hasta el detalle. Ese es el reto del cambio constante al que nos obliga un ser humano que es sustantivamente creador y una sociedad que, para seguir sus pasos y su ritmo, unas veces más rápido y otras más lento, necesita estar continuamente renovándose.

6. BIBLIOGRAFÍA INTRODUCTORIA RECOMENDADA PARA EL ALUMNADO DEL DOBLE GRADO EN DERECHO Y FILOSOFÍA EN LA ASIGNATURA *ANTROPOLOGÍA FILOSÓFICA*

Cassirer, E. (1987) *Antropología Filosófica. Introducción a una Filosofía de la Cultura*, FCE.

Frankl, V. (1999) *El hombre en busca de sentido.* Herder.

Harris, M. (1999) *El desarrollo de la teoría antropológica. Una historia de las teorías de la cultura*, Siglo XXI de España Editores.

Hegel, G. W. F. (1999) *Principios de Filosofía del Derecho*, Edhasa.

Ribas Alba, J. M. (2013) *Introducción a la Antropología Jurídica Romana*, Editorial Comares.

La asignatura de historia de la filosofía contemporánea en el doble grado en derecho y filosofía

NOLO RUIZ
Profesor Sustituto Interino

1. INTRODUCCIÓN

Comprender la Historia de la Filosofía Contemporánea supone entender en muchos y muy significativos aspectos el mundo actual y sus vicisitudes históricas, éticas y políticas, epistemológicas, antropológicas, estéticas, metafísicas, etc. De ahí la enorme importancia que supone el estudio de una materia como esta para el alumnado del Doble Grado en Derecho y Filosofía en tanto que pilar que permite situar la filosofía presente y navegar desde ella por el flujo de los, anchamente entendidos, tiempos actuales, en todas sus ramas fundamentales. Se trata de una asignatura obligatoria dentro del citado doble grado de la Universidad de Sevilla, programada, inicialmente, para el tercer curso. Esta, si bien comprende un período histórico-filosófico relativamente pequeño en comparación con los anteriores, a saber, la Antigüedad, el Medievo y la Modernidad, conlleva un contenido teórico de enormes tamaño y complejidad en relación con los temas y autores, obras e ideas, que pueden englobarse en ella. Pese a la dificultad que supone, por esto y más, la asignatura de Historia de la Filosofía Contemporánea, sin embargo, es cierto que el alumnado suele mostrar gran interés en ella, dada la cercanía (temporal y filosófica) de muchas de las propuestas filosóficas expuestas por los filósofos y filósofas de este período. Lo que supone un acicate a la hora de abordar los contenidos propuestos en el plan docente y expuestos durante las clases. Dada la naturaleza histórica de la materia, se proyectó el desarrollo de esta asignatura desde una perspectiva fundamentalmente diacrónica. Sin embargo, esto no suponía un planteamiento excluyente al respecto de que, por momentos, se colocara el acento en cuestiones conceptuales y temáticas específicas y transversales de entre las más relevantes de la Historia de la Filosofía Contemporánea. De la misma manera, es justo señalar que, por su relevancia e influencia posterior, y pese a reconocer las atinadas críticas acerca de la primacía de los planteamientos eurocéntricos, la asignatura se centró fundamentalmente en la filosofía contemporánea europea.

En este texto se exponen las claves principales del curso de Historia de la Filosofía Contemporánea impartido en 2022/2023, tales como sus contenidos y justificación, el método docente, la evaluación y algunas conclusiones extraídas de su desarrollo.

2. CONTENIDOS DE LA ASIGNATURA Y DESARROLLO DE LAS SESIONES

La docencia fue programada siguiendo conjuntamente el método de la clase magistral, junto con la lectura de una selección de libros y fragmentos de algunas de las obras más importantes de este período. La idea fundamental estriba en el convencimiento de la conveniencia de que el alumnado tenga experiencia directa y de primera mano de los textos más influyentes de los, a su vez, autores más relevantes de esta etapa histórica de la filosofía que, asimismo, ilustrasen lo mejor posible las clases del profesor de la asignatura. Igualmente, dentro de los contenidos abordados, se tuvo en cuenta la relación con diferentes aspectos y temas relacionados con el Derecho, y algunas de sus nociones filosóficas principales tales como la de *justicia*.

Una de las cuestiones más problemáticas pero, a la par, interesantes al respecto del abordaje de la Historia de la Filosofía Contemporánea, y del debate que podía generar en clase entre un alumnado que, teniendo en cuenta que en su mayoría ya lleva al menos tres o cuatro años académicos cursando asignaturas de filosofía y que, por tanto, teóricamente, ya ha adquirido suficientes conocimientos al respecto, lo que les otorga capacidad y perspectiva para afrontarlo, es la de la decisión, si es que ello es definitivamente posible, acerca de la cuestión de dónde situar un hipotético inicio de la filosofía contemporánea y posmoderna. En nuestro caso, por razones más filosóficas que historiográficas, y siempre bajo la premisa de la relatividad (e *interpretatividad*) de marcar una frontera que, en todo caso, hay que reconocer como mucho más flexible y difusa de lo que un momento, corriente, autor u obra específica podría suponer, situamos este supuesto punto de inflexión en el período comprendido entre la filosofía de Hegel y la obra de Max Stirner *El Único y su propiedad*, señalando especialmente a este, junto con el que bien puede ser considerado como su epígono Friedrich W. Nietzsche. De forma que, en la configuración del plan docente de la asignatura, se erigen eje principal de articulación histórica de la organización de los contenidos, dispuestos en una introducción general y cuatro grandes bloques temáticos:

1. EL CULMEN DE LA MODERNIDAD:
   - El idealismo alemán.
   - G.W.F. Hegel, principio activo y reactivo del pensamiento filosófico contemporáneo.
2. TRÁNSITO A LA CONTEMPORANEIDAD FILOSÓFICA:
   - El paso del memorial de agravios a las vindicaciones. Primera ola del feminismo: Mary Wollstonecraft, Flora Tristán y el sufragismo.
   - Positivismo: Auguste Comte.
   - Arthur Schopenhauer.
   - Søren Kierkegaard.
3. INICIO Y CONSOLIDACIÓN DE LA FILOSOFÍA CONTEMPORÁNEA:
   - Izquierda hegeliana: Ludwig Feuerbach.
   - Karl Marx y Friedrich Engels.
   - La enmienda a la totalidad o la gran ruptura: el antiidealismo de Max Stirner.
   - El primer gran filósofo contemporáneo: Friedrich W. Nietzsche.
4. LA FILOSOFÍA DEL SIGLO XX:
   - Historicismo y cosmovisión: Wilhelm Dilthey.
   - La fenomenología de Edmund Husserl.
   - Sigmund Freud y Gaston Bachelard.
   - Filosofía analítica: Bertrand Russell y Ludwig Wittgenstein.
   - Existencialismo. Martin Heidegger. Jean Paul Sartre. Simone de Beauvoir.
   - Filosofía española contemporánea:
     - La razón histórica y vital de José Ortega y Gasset.
     - La razón poética de María Zambrano.

El primero de los bloques temáticos consta de dos temas: el primero, más breve e introductorio, acerca del idealismo alemán, y el segundo, más amplio, acerca de la figura, obra y filosofía de G. W. F. Hegel, presentado como cumbre de la Modernidad, a la par que como precursor y pilar, tanto positivo como negativo, de la filosofía contemporánea, y cuya influencia o crítica supone en mucho el motor del pensamiento europeo decimonónico. A la filosofía de este pensador estutgartdiense se le dedicó la segunda mitad de la primera sesión de este bloque temático, así como las dos siguientes, hasta un total de seis horas, enfocándose especialmente en las ideas expuestas en *Fenomenología del espíritu* (1807) y *Enciclopedia de las ciencias filosóficas* (1817). Se propuso la lectura y estudio específico del afamado prólogo de la primera de estas obras. El pensamiento de G. W. F. Hegel supuso otro de los ejes principales en torno a los cuales giró el curso, especialmente en relación con los tres primeros bloques temáticos, centrados fundamentalmente en la filosofía del siglo XIX, en tanto que no solo se parte de este pensador alemán, sino que su propuesta sistemática es presentada como punto de referencia respecto a las elaboraciones filosóficas posteriores a dicho filósofo, y cuyas influencias, críticas y tentativas de superación de sus consideraciones teóricas lo son también, esta fue la interpretación presentada en este sentido, al respecto de la filosofía moderna en general, por parte del pensamiento contemporáneo y posmoderno.

El segundo bloque temático, con un total de ocho horas, esto es, cuatro sesiones, estuvo dedicado a una serie de autores que pueden considerarse en (ideal) territorio fronterizo entre Modernidad y Contemporaneidad. El primer tema de esta segunda parte se dedicó al pensamiento feminista: tras una introducción en la que se trató de poner en contexto este movimiento filosófico y político desde el (proto)pensamiento feminista moderno[1], especialmente desde las ideas y obras de Christine de Pizan y de François Poullain de la Barre, se estudiaron algunas de las principales autoras de la denominada primera ola del feminismo; específicamente, las concepciones feministas ilustradas de Mary Wollstonecraft, del feminismo socialista utópico de Flora Tristán, de quien se leyó parte del capítulo tercero de *Unión obrera* (1843), y del feminismo sufragista, del que se estudió la *Declaración de Seneca Falls* (1848). En las siguientes sesiones se mostraron,

---

1 Se siguieron en este punto los planteamientos acerca del paso «De los "memoriales de agravios" a las vindicaciones [feministas]» de Celia Amorós y Rosa Cobo. Cfr. Amorós, C.; Cobo, R., (2005). Feminismo e Ilustración. En A. de Miguel y C. Amorós (coords.) *Teoría feminista. De la ilustración al segundo sexo.* v.1, (pp. 93-144). Cátedra.

primero, las bases y fundamentos del positivismo comtiano a través de la lectura de un fragmento de *Curso de filosofía positiva* (1830-1842); después, del pensamiento de Arthur Schopenhauer a partir de varios fragmentos de su trabajo principal, *El mundo como voluntad y representación* (1818); y, por último, del existencialismo de Søren Kierkegaard mediante el estudio de la introducción de su obra *El concepto de angustia* (1844). Con la sesión de introducción general del curso, y las correspondientes a los dos primeros bloques temáticos se cubrió, prácticamente, el primer tercio del curso.

Respecto al tercero de los bloques temáticos, en primer lugar se introdujo el pensamiento del grupo de los jóvenes hegelianos, *Die Freien* (—grupo de— los libres), también denominado «izquierda hegeliana», junto con el que se expuso el planteamiento filosófico de Ludwig Feuerbach con un fragmento de su obra *La esencia del cristianismo* (1841), destacando de este filósofo cómo su influencia resulta fundamental tanto para entender el materialismo marxista, como el antiidealismo stirneriano, autores y planteamientos coetáneos de Feuerbach, y que apoyan parte de sus consideraciones filosóficas en la crítica a las ideas feuerbachianas. Posteriormente, el desarrollo del curso llegó al estudio del pensamiento marxista (y del marxista-engelista), con el análisis y lectura de fragmentos de cinco obras (fundamentalmente las dos primeras); a saber: *Manuscritos económicos y filosóficos* (1844), *Tesis sobre Feuerbach* (1845) y un pequeño fragmento del tomo primero de *El capital* (1867) acerca de la interpretación antropofilosófica marxista del ser humano como *homo faber* —todas ellas obras escritas individualmente por Karl Marx—, junto con *La ideología alemana* (1845) y *El manifiesto del partido comunista* (1848), elaboradas conjuntamente por Karl Marx y Friedrich Engels. De estas, *La ideología alemana* se presentó al final de las sesiones acerca del marxismo, y principalmente en relación con la crítica que hacen en ella Marx y Engels de las consideraciones teóricas de Max Stirner, siguiente autor en ser abordado. El estudio de las ideas del polémico pensador bayreuthiense, junto con el de las de F. W. Nietzsche, fue el mayor, cronológicamente hablando, del curso, en tanto que se les dedicó a ambos un total de ocho de las 30 sesiones que lo componían (casi un tercio del total), o lo que es lo mismo, un mes completo, bajo la justificación de que en ambos se aprecia la que puede ser por derecho considerada como la mayor ruptura de la filosofía (contemporánea y posmoderna) con la Modernidad filosófica. De hecho, el pensamiento de ambos autores fue abordado tanto de manera individual, como en forma de estudio comparado, comenzando por la problematización de la potencial influencia —o incluso plagio— (de no pocos de los planteamientos principales) del segundo respecto del primero, mostrando la posibilidad y tesis de que Nietzsche sea entendido, con justicia y razones, como epígono que, en todo caso, logra ir filosóficamente mucho más allá que su predecesor. Para ello, se estudió con cierta profundidad la obra de Stirner *El Único y su propiedad* (1844) y el universal libro nietzscheano *Así habló Zaratustra* (1883-1885). Respecto al pensamiento de F. W. Nietzsche se abordó asimismo un análisis de las concepciones estéticas principales que aparecen en el artículo titulado *La visión dionisíaca del mundo* (1870). Debido a la radicalidad del pensamiento y propuestas de estos autores en una gran cantidad de temas, los textos e ideas de Stirner y de Nietzsche tenía el objetivo de suscitar (como de hecho ocurrió) interés, además de provocar debates en torno a las ideas de estos autores, entre el alumnado del curso.

Por último, el cuarto bloque temático comenzó con el estudio de las ideas historicistas de Wilhelm Dilthey y su concepto de cosmovisión mediante la lectura de fragmentos de la obra *Los tipos de visión del mundo y su desarrollo en los sistemas metafísicos* (1911). Tras esto, se abordó la fenomenología husserliana con la lectura, análisis y comentario de la introducción y la sección segunda de *Ideas relativas a una filosofía pura y una filosofía fenomenológica* (1913), y de un fragmento de *La crisis de las ciencias europeas y la fenomenología trascendental. Una introducción a la filosofía fenomenológica* (1936). Posteriormente, se realizó un acercamiento introductorio a las ideas de Sigmund Freud, de quien se realizó una selección de una de sus obras principales, *El malestar en la cultura* (1930), así como de las del pensador francés Gaston Bachelard, de quien se presentaron algunos planteamientos epistemológicos recogidos en su libro *La formación del espíritu científico. Contribución a un psicoanálisis del conocimiento objetivo* (1938). Tras esto, se abordó un acercamiento a la filosofía analítica, especialmente al atomismo lógico y al neopositivismo, y donde se incluyó la exposición específica de las figuras y propuestas de Bertrand Russell y de Ludwig Wittgenstein, de quien se leyeron partes del *Tractatus lógico-philosophicus* (1921). Tras esto se emprendió el estudio de relevantes autores de la llamada filosofía continental —en contraposición con la anteriormente citada filosofía analítica—que pueden ser englobados dentro del existencialismo del siglo XX como son Martin Heidegger, Jean Paul Sartre y Simone de Beauvoir. Del primero se ofrecieron las ideas principales expresadas en *Ser y tiempo* (19217) y se leyeron fragmentos de *Carta sobre el humanismo* (1947). Las ideas de Sartre se trabajaron con la lectura de una selección de *El existencialismo es un humanismo* (1946). Por último, se trataron las ideas fundamentales del feminismo existencialista de Simone de Beauvoir con la lectura de las primeras páginas del segundo volumen de *El segundo sexo* (1949). Finalmente, se estudiaron los que quizás podrían ser considerados como los dos principales filósofos contemporáneos, si no en general de habla hispana, sí al menos específicamente españoles, ambos pertenecientes al pasado siglo XX, siendo maestro y alumna respectivamente. Nos referimos a José Ortega y Gasset y a María Zambrano. Del primero se trató la esencial circunstancialidad humana y el concepto de lo profundo expresado en 'Lector' (prólogo) y 'Meditación preliminar' de *Meditaciones del Quijote* (1914), así como las ideas acerca de la razón histórica y vital expuestas en *Historia como sistema* (1942). Por su parte, de la pensadora malagueña se estudió su pensamiento acerca de la razón poética con la lectura de algunos fragmentos de *Hacia un saber sobre el alma* (1950). La limitación de tiempo impidió que se abordasen la filosofía hermenéutica de H-G. Gadamer, el estructuralismo foucaltiano y los planteamientos de Adorno y Horkheimer (Escuela de Frankfurt), también previstos de antemano en el programa de la asignatura, y de una relevancia indudable.

En lo que respecta al método seleccionado para el desarrollo del curso, se pueden señalar varios aspectos diferentes usados en las sesiones de este. Por un lado, se comenzaba por lo general con la presentación, por parte del profesor, del autor, autora o corriente, juntamente con diversos datos acerca de la biografía, la bibliografía y el contexto histórico de estos, para, posteriormente, realizar una exposición de las líneas filosóficas fundamentales, a través, principalmente, de la clase magistral, en ocasiones con el apoyo de material audiovisual tales como presentaciones en PowerPoint o vídeos. Junto con esto, y de manera más práctica, sobre la base de la consideración de la pertinencia del acceso a las fuentes directas, esto es, evitar conocer el pensamiento filosófico meramente *de oídas*, se procedía a realizar lecturas en clase de los textos seleccionados, introduciéndolos a través de resúmenes de las ideas principales expresadas en ellos, para llevar a cabo, tras esto, un análisis de los mismos (a veces de la totalidad de una obra, otras —la mayoría de las veces debido a las limitaciones temporales— solo de un fragmento), con comentarios de texto realizados tanto por el profesor, como por el alumnado, en este caso bajo la supervisión del docente. Igualmente, se propuso desde el inicio del curso, más que la posibilidad, la conveniencia de la participación del alumnado en las clases a través de presentaciones opcionales y, especialmente, mediante debates acerca de la interpretación en cada caso de los textos tratados, y, de manera más general, de los temas y conceptos que aparecen en ellos, no solo al respecto del significado particular y específico que pueda tener en los mismos, sino también en relación con el pensamiento propio de cada alumna o alumno y trayéndolo, en la medida de los posible, a problemas filosóficos actuales y vigentes.

3. LA EVALUACIÓN DE LA ASIGNATURA

Como se aprecia en el temario, anteriormente expuesto, llevado a cabo durante el curso y cuya elección se sustenta en la relevancia de los autores tratados, así como en la importancia de las ideas expuestas por estos en sus obras y escritos y, por supuesto, en la influencia que históricamente han tenido y que aún en la actualidad poseen, y a pesar asimismo de tener que dejar (en el sentido de excluir), por razones de temporalidad, a muchos otros filósofas, filósofos y obras de palmaria importancia histórica, fuera del programa, la asignatura de Historia de la Filosofía Contemporánea conlleva un volumen de contenido que puede exceder en mucho lo abarcable de una manera profunda, especialmente tratándose de una materia cuatrimestral, pese a que comprende, por el momento, poco menos de dos centurias y media de historia, a diferencia de las anteriores edades histórico-filosóficas. En este sentido, puede destacarse el hecho de que, dada la organización cronológica actual del Doble Grado, según la cual el alumnado tiene clases tanto en horario de mañana como en horario de tarde, se amplifica relativamente más el tamaño de la materia, sobre todo en razón con el tiempo real de estudio fuera del aula que el estudiantado puede dedicar a la asignatura. De una materia que abarca filósofos de la trascendencia de Hegel, Wollstonecraft, Tristán, Cady Satanton, Comte, Schopenhauer, Kierkegaard, Feuerbach, Marx y Engels, Stirner, Nietzsche, Dilthey, Freud, Bachelard, Husserl, Russell, Wittgenstein, Heidegger, De Beauvoir, Sartre, Ortega y Gasset o Zambrano, cuyas obras, pensamientos y proyección bien darían casi para un grado universitario por sí mismo, proyectada para un solo semestre cabe en este sentido inquirir si, haciendo uso de la paremia, en relación con el temario propuesto, «quien mucho abarca, poco aprieta», esto es, si no puede llegar a ser contraproducente plantear un programa tan ambicioso teniendo en cuenta las limitaciones cronológicas. Resulta pertinente por ello preguntarse si es posible entender y, sobre todo, conocer verdadera y, más aún, sustancialmente las tan amplias como complejas consideraciones filosóficas de meramente un autor sin haber leído la totalidad de sus obras fundamentales, acaso, habiendo leído solo una de ellas, o siquiera uno o varios fragmentos de alguna(s) de ella(s), y si, además, esto resulta suficiente para comprender su pensamiento y propuestas, y, por tanto, menos aún, las de gran parte de la filosofía contemporánea o posmoderna.

Por un lado, y respecto a lo primero, en el marco del plan de estudios del Doble Grado en Derecho y Filosofía de la Universidad de Sevilla, que recoge dos asignaturas específicas, en el curso siguiente al que corresponde, en principio, la asignatura de Historia de la Filosofía Contemporánea, que estudian, teóricamente de forma más detallada y detenida, la historia de la filosofía de los siglos XIX y XX, el programa de la asignatura de Historia de la Filosofía Contemporánea se planteó como un primer acercamiento introductorio, mas en la medida de lo posible, relativamente detallado, a las propuestas e ideas de la Contemporaneidad filosófica. Lo que implicó, por tanto, la congruencia y conveniencia de proponer un temario amplio que abarcase la mayor parte posible de la filosofía contemporánea que puede ser considerada de primer orden, como propedéutica capaz de ofrecer al alumnado una visión lo más general posible de lo que ha sido (y está siendo), y de lo que ella significa, dotando a los estudiantes con ello, asimismo, de los conocimientos y herramientas teóricas básicas y suficientes como para poder afrontar con mayor base las profundizaciones posteriores en las ideas, corrientes, autores y obras tratadas en las otras asignaturas de filosofía contemporánea, así como en sus posibles futuros estudios de posgrado. Pero, además, por otro lado, la evaluación fue proyectada —y efectivamente realizada— bajo la consideración de esta dificultad de abarcar un temario tan amplio, tan difícil y con tantas obras por leer y estudiar. Por ello, pese a lo que suele ser habitual en una gran cantidad de asignaturas (y no meramente de filosofía), la propuesta de evaluación pasaba por el abandono del método de memorización hacia uno en el que, al menos principalmente, primasen la comprensión de los contenidos, así como la capacidad de articulación y uso de estos. Uno de los fundamentos, por tanto, del curso y, por ende, de la evaluación consistió en la construcción de parte de los materiales de estudio, así como la completación de los contenidos de la asignatura, por el alumnado, bajo la supervisión del profesor. Todo ello en miras a la superación de los exámenes: tanto las dos pruebas parciales realizadas durante el cuatrimestre, como el examen (final) oficial, al que estarían obligados a asistir solo las alumnas y alumnos que no se hubieran presentado a uno o a los dos ejercicios parciales, que no los hubieran superado (aprobado), o que quisieran mejorar su calificación. Junto con esto, el alumnado tenía la posibilidad de realizar un trabajo complementario consistente en la lectura de alguna de las obras contenidas en la bibliografía básica —actividad que fue bien acogida y llevada a cabo efectivamente por varios alumnos—, para, posteriormente, realizar una presentación en clase acerca de la obra seleccionada y su contenido filosófico en el contexto de la historia de la filosofía contemporánea, lo que proporcionaba la posibilidad de profundización en alguno de los temas, en virtud de los intereses particulares de la alumna o alumno en cuestión. En este sentido, es posible destacar la recomendación realizada al alumnado por parte del docente de leer, además de traducciones de las más importantes obras de la filosofía escritas en idiomas diferentes al materno, textos filosóficos escritos originalmente en la misma lengua que cada estudiante tiene como vernácula. Esta recomendación suele, y así fue, ser muy bien acogida.

Bajo este prisma, el aspecto que puede considerarse más innovador a la hora de realizar la evaluación estribó, precisamente, en el modo de abordar los exámenes. Estos consistieron en la elaboración, durante las tres horas de duración de cada una de las pruebas, de un texto cercano en su naturaleza y aspecto formal y estilístico a un artículo académico (paper). Para ello, el alumnado tenía la posibilidad de usar, durante la realización de los ejercicios, de cuantos materiales creyeran convenientes, desde dispositivos electrónicos con conexión a internet, hasta libros (monografías, manuales, etc.), artículos científicos, así como los apuntes de clase. El tema propuesto en cada uno de los tres exámenes, por su carácter genérico y amplio, requería la elaboración de un texto en el que fuera necesario poner en relación una gran cantidad de ideas y autores estudiados en clase y conocidos previamente por los alumnos y las alumnas, es decir, para poder realizar los exámenes satisfactoriamente era necesario que conocieran bien los planteamientos filosóficos de los autores, ideas y corrientes que entraban en la prueba en cuestión. Estas estuvieron sujetas a una serie de normas, similares a las de las revistas indexadas, con un número mínimo y máximo de palabras, una serie de secciones obligatorias, tales como un resumen y una bibliografía básica, o un modo específico de citación. El alumnado, consciente de la naturaleza de estos ejercicios, para preparar los exámenes necesitó elaborar previamente los mejores materiales posibles para realizar sus trabajos de evaluación, obtenidos a través de los apuntes de clase, los textos estudiados en las sesiones, así como toda la información que creyeran que podrían necesitar y serles útil durante la realización del examen. Dado el escaso tiempo de que disponían las y los estudiantes para confeccionar sus artículos, y, por ende, la imposibilidad, en muchos aspectos, durante las tres horas de duración de la prueba, de ponerse a buscar o leer contenidos significativamente y que no conocieran de antemano para la redacción del texto, el alumnado asistió al examen bastante preparado. De hecho, los resultados, mayoritariamente, fueron muy satisfactorios, como demostraron las calificaciones, no solo respecto a los conocimientos demostrados en los exámenes, sino en cuanto a la creatividad y destreza argumental. Además de entrenar las habilidades a la hora de elaborar un texto de marcado carácter académico, la propia prueba pretendía no solo evaluar las competencias teóricas y trabajo (previo) del alumnado, sino también erigirse en un ejercicio de aprendizaje relacional de los contenidos estudiados durante las clases y de redacción filosófica. Sirva de ejemplo e ilustración el tema del primer examen parcial, y que, respecto al contenido de la asignatura, englobaba varios temas de los tres primeros bloques temáticos anteriormente citados, y que fue el siguiente: *Repercusión e influencia de, encuentros y desencuentros con, y críticas a la filosofía hegeliana en el tránsito de la Modernidad a la Contemporaneidad filosófica europea decimonónica.* Una cuestión que, como resulta patente, suponía la necesidad de conocer y exponer gran parte del pensamiento filosófico estudiado en los citados bloques, comparando y poniendo en relación unos con los otros: comenzando con Hegel y pasando por Comte, Schopenhauer, Kierkegaard, Feuerbach, Marx o Stirner, cuando menos. Cierto es que, en el momento en que estas pruebas fueron realizadas, aún no se había publicado programas de IA generativa, tales como *ChatGPT*, lo que, actualmente, dificultaría la realización de ejercicios y exámenes de índole similar a los propuestos entonces.

4. DIFICULTADES Y DEBILIDADES DE LA ASIGNATURA EN RELACIÓN CON LA ORGANIZACIÓN DEL DOBLE GRADO

Por tanto, la cuestión de la dilatada cantidad de temario y contenido y su relación con la escasez de tiempo para abordarlo no llegó a ser, en cierto modo, uno de los mayores problemas. Sin embargo, resulta justo señalar una dificultad añadida al respecto de esta asignatura (y que, según relataron los propios alumnos, no es exclusivo de la asignatura de Historia de la Filosofía Contemporánea, sino de manera general del Doble Grado en Derecho y Filosofía de la Universidad de Sevilla, debido a su organización cronológica): la falta de compensación en la relación entre las horas de clase y las que el alumnado tiene la posibilidad de dedicar al estudio. Definamos la *compensación educativa* (educatividad-educabilidad) como la razón existente entre las horas de estudio y las lectivas —que podría dividirse en potencial y efectiva, según se hable de las horas libres posibles para dedicarlas al estudio y las que efectivamente se dedican—. Partiendo de ello, es posible identificar un índice de *compensación educativa* específica de la asignatura de Historia de la Filosofía Contemporánea ostensiblemente menor, debido al plan de estudios, en los alumnos del Doble Grado en Derecho y Filosofía, respecto a los del Grado en Filosofía (en muchos casos, encontrándose el cociente de esta razón por debajo del 1, lo que supone una menor capacidad de horas de estudio que de horas lectivas), y que se materializa en una pregunta, formulada por el alumnado, no pocas veces de manera explícita: «Profesor, ¿cuándo estudiamos?». De hecho, debido a que este doble grado está organizado en cinco cursos, el alumnado tiene clases tanto en el turno de mañana como en el turno de tarde, lo que supone, además de un índice de *compensación educativa* por debajo del 1 (es decir, la menor dedicación en número de horas al estudio de cada asignatura que a la asistencia a clases), otro problema: la tendencia al absentismo en las asignaturas del turno de tarde, que es cuando están programadas generalmente las clases de las materias de filosofía, incluso a pesar de que la presencialidad fue evaluada positivamente.

5. CONCLUSIONES

Por último, y a modo de conclusión, caben destacar varias reflexiones: primero, que la asignatura de Historia de la Filosofía Contemporánea, al tratar de temas y cuestiones mucho más cercanas, no solo en el tiempo, sino también en los intereses intelectuales y filosóficos, al alumnado, tuvo la bondad de suscitar mucho interés a la hora de afrontar el trabajo de aprendizaje; segundo, que, dada la organización temporal actual de este doble grado en la Universidad de Sevilla, la enseñanza de esta materia conllevó dificultades respecto a la capacidad del alumnado tanto para la asistencia a las clases y, por ende, a la participación activa en las mismas, como en lo referente al estudio fuera del aula (una cuestión que tiene margen de mejora de cara al futuro); tercero, que la posibilidad de realizar los exámenes con todo el material que cada alumna y alumno preparase previamente y tuviera a bien llevar a las pruebas sacó al alumnado fuera de su zona de confort —debido a que generalmente están acostumbrados a lo contrario—, haciendo, en mucho, más apasionante para ellas y ellos la realización de dichos exámenes, aunque, igualmente, es de justicia destacar que hubo alumnas y alumnos que sintieron mayor nerviosismo e intranquilidad ante esta modalidad de exámenes, bajo la hipótesis de que si se les permitía contar con cuanto material quisieran para realizar las pruebas, posiblemente estas serían mucho más difíciles (prejuicio que, finalmente, no se ajustó a la realidad, pero que, desde un punto de vista positivo, logró mantener en tensión y alerta al respecto de la materia, a una gran cantidad de ellas y ellos); cuarto, y esto no es baladí, que, dado que es esta una asignatura que aglutina y pone en contexto gran cantidad de autores y propuestas filosóficas que el alumnado no ha estudiado en secundaria o que, durante los dos primeros años de carrera, han tratado de manera discreta y separada, en muchos aspectos, esta logra mostrar una visión mucho más holística y contextualizada de autoras y autores que, o bien no conocen, o bien conocen poco, o bien conocen fuera del contexto mucho más general de la filosofía de la época en la que se hallan enmarcados; y, quinto, que por la interdisciplinariedad temática y conceptual recogida en el programa de la asignatura, y las constantes y necesarias referencias al resto de la historia de la filosofía anterior, desde los presocráticos hasta la actualidad, se trata esta de una asignatura que aglutina en sí misma, de manera implícita, gran parte de toda la filosofía universal, convirtiéndose, con ello, en una asignatura no solo de enorme interés, sino en una herramienta filosófica fundamental.

Bibliografía básica[2]

Adorno, T.; Horkheimer, M., *Dialéctica de la Ilustración*, 1947.

Bachelard, G., *La formación del espíritu científico. Contribución a un psicoanálisis del conocimiento objetivo*, 1938.

Comte, A., *Curso de filosofía positiva*, 1830-1842.

De Beauvoir, S., *El segundo sexo*, 1949.

Dilthey, W., *Teoría de las concepciones del mundo*, 1911.

Feuerbach, L.A., *La esencia del cristianismo*, 1841.

Foucault, M., *Las palabras y las cosas*, 1966.

Freud, S., *El malestar en la cultura*, 1913.

Gadamer, H.G., *Verdad y método*, 1960.

Hegel, G.W.F., *Fenomenología del espíritu*, 1808.

—, *Enciclopedia de las ciencias filosóficas*,1817.

Heidegger, M., *Ser y tiempo*, 1927.

—, *Carta sobre el humanismo*, 1947.

Husserl, E., *Ideas relativas a una fenomenología pura y una filosofía fenomenológica*, 1913.

—, *La crisis de las ciencias europeas y la fenomenología trascendental*, 1936.

Kierkegaard, S., *El concepto de la angustia*, 1844.

Marx, K.; Engels, F., *La ideología alemana*, 1845.

—, *Manifiesto del Partido Comunista*, 1848.

Marx, K., *Manuscritos económicos y filosóficos*, 1844.

—, *Tesis sobre Feuerbach*, 1845.

—, *El capital*, 1867.

Nietzsche, F., *La visión dionisíaca del mundo*, 1870.

—, *Así habló Zaratustra*, 1883.

Ortega y Gasset, J., *Meditaciones del Quijote*, 1914.

—, *Historia como sistema*, 1942.

Russell, B., *Atomismo lógico*, 1924.

Sartre, J.P., *El ser y la nada*, 1943.

Schopenhauer, A., *El mundo como voluntad y representación*, 1819.

Stirner, M., *El único y su propiedad*, 1844.

—, *Escritos menores*, 1842-1848.

Wittgenstein, L., *Tractatus logico-philosophicus*, 1922.

—, *Investigaciones filosóficas*, 1953.

---

[2] Se recomendó al alumnado las obras sin especificar una edición concreta de las mismas, de ahí esta forma de exponer la bibliografía básica recomendada.

Wollstonecraft, M., *Vindicación de los derechos de la mujer,* 1792.
Zambrano, M., *Filosofía y poesía,* 1939.
—, *Hacia un saber sobre el alma,* 1950.
—, *De la aurora,* 1986.

Las asignaturas de métodos del pensamiento filosófico, historia y conceptos fundamentales de la metafísica, metafísica y corrientes actuales de la filosofía en el doble grado en derecho y filosofía

IGNACIO VIEIRA
Personal Investigador en Formación

La creación de un Doble Grado en Filosofía y Derecho ha supuesto una novedad que, si bien aún es pronto para valorar en toda su profundidad y repercusión, se hace notar y de manera positiva en los estudios de grado de la Facultad de Filosofía. En primer lugar, la doble titulación ha permitido, por el momento, que el número de alumnos matriculados no decaiga, e incluso que aumente, lo cual refleja un creciente interés por la filosofía. En segundo lugar, la formación en derecho con la que cuentan los alumnos del doble grado se materializa en intereses, inquietudes y capacidades interdisciplinares en el aula que redundan en un enriquecimiento de los procesos de aprendizaje del grupo. Por último, creemos poder constatar que el doble grado ha elevado el rendimiento académico en los estudios de filosofía. Nos referimos, particularmente, al hecho de que el grupo de tarde —que es el que corresponde a los alumnos del doble grado por exigencias de horario— no solo es más multitudinario que años atrás, sino que también presenta una mayor y más constante asistencia a clase y, sobre todo, manifiesta mayor interés e incluso dedicación que los grupos de tarde anteriores al doble grado —permítasenos esta generalización, y entiéndase que, sin duda, cada grupo cuenta con su idiosincrasia. Entre los motivos que podrían dar razón de esta cuestión, podríamos considerar el hecho de que este tipo de alumnado está, por lo general, acostumbrado a altos grados de exigencia y esfuerzo.

1. NECESIDADES Y DIFICULTADES ESPECÍFICAS

La principal novedad —por ser la más evidente pero también la más importante— del doble grado es la incorporación de un alumnado nuevo:

es decir, de un perfil de alumno que no había antes. Procedamos, pues, a preguntarnos acerca de las *necesidades y dificultades específicas* que podemos encontrar.

En primer lugar, se trata de un alumnado que cuenta con un horario muy apretado, con un gran número de horas de clases y con gran cantidad de actividades y/o exámenes. No cabe duda de que todo esto forma parte de las exigencias propias de un doble grado, y que es responsabilidad del estudiante saber organizar y gestionar tal carga de trabajo. Sin embargo, no deja de ser cierto que desde el profesorado podríamos estar atentos para no dificultar en demasía la tarea. No se trata, en absoluto, de rebajar el nivel de exigencias o expectativas, pues forma parte del reconocimiento de la responsabilidad y esfuerzo del alumnado no infravalorar sus capacidades ni infantilizar los contenidos. Sin embargo, como profesores podemos hacer un esfuerzo por comprender las necesidades y dificultades específicas de un perfil de alumno como este. Por ejemplo, con un grupo de doble grado se vuelve aún más importante *dialogar y consensuar*, en la medida de lo posible, *las fechas de entrega* teniendo en cuenta el compacto horario con el que cuentan.

Otra dificultad específica de un grupo como este, en el que se mezclan tanto alumnos de filosofía como otros del doble grado, tiene que ver con *los conocimientos previos que se pueden o no presuponer*. Este problema es especialmente patente en los cursos más avanzados de la carrera. Tal dificultad se debe a que no todas las asignaturas del Grado en Filosofía forman parte del plan de estudios del doble grado, pero también —y esto es importante recordarlo— al hecho de que el orden en que aparecen las asignaturas a lo largo de los estudios no es el mismo en una titulación y en otra. Nos referimos a que, por ejemplo, si bien un estudiante del Grado en Filosofía encontrará la asignatura de Lógica en el segundo curso, un estudiante del Doble Grado no la encontrará hasta llegar a cuarto. De este modo, un estudiante del Doble Grado por lo general cursará una asignatura como Filosofía de la Ciencia (3°) sin haber cursado antes Lógica (4°), no siendo este el caso de aquellos que solo estudian Filosofía. Esto, dependiendo del proyecto docente en cuestión, puede redundar en ciertas dificultades específicas en la planificación del curso. La misma situación puede repetirse en otras áreas.

No debe perderse de vista que en un mismo grupo contamos con alumnos del doble grado y con alumnos de filosofía, y que las diferencias entre ambos, si bien por lo general pasan desapercibidas o no tienen un impacto relevante, pueden manifestare en cuestiones de este tipo. Para hacer frente a una dificultad específica como esta podría ser interesante que, como profesores, dediquemos el comienzo de nuestra asignatura a tantear los conocimientos previos del grupo —tarea que de por sí es absolutamente recomendable siempre— , e incluso que nos tomemos el tiempo necesario para orientar a los alumnos de cara a cómo adquirir esos conocimientos previos mínimos que podamos considerar indispensables para el óptimo seguimiento de la asignatura.

En tercer y último lugar, no nos resistimos a comentar brevemente una dificultad que, si bien no es específica de los estudios de Doble Grado, se encuentra muy presente en los estudios universitarios. Desde hace varios años, se puede apreciar una *creciente dificultad en el alumnado en lo que respecta a las capacidades de expresión escrita.* Este problema, si bien es demasiado complejo para poder ser tematizado aquí como debiera serlo, es lo suficientemente importante para que deba ser tenido en cuenta en una aproximación metodológica a unos estudios universitarios de filosofía. Cuando hablamos de dificultades en la expresión escrita nos referimos a la constatación, como docentes, de que el alumnado entra en los estudios de grado con serios problemas para exponer ideas en un texto coherente, ordenado y fluido. No nos referimos, por tanto, únicamente a errores ortográficos, sino, sobre todo, a una profunda dificultad —a veces incluso incapacidad— para redactar. Este problema tiene, sin duda, varias caras. Por ejemplo, existe una carencia, a veces apabullante, de léxico; pero también se desconocen recursos sintácticos y léxicos para ordenar las ideas. Sin que sea este el lugar para adentrarnos en tales disquisiciones, es necesario señalar que este problema hunde sus raíces en el actual estado de la enseñanza media y en el profundo descuido en el que han caído tanto la lectura (comprensión lectora) como la escritura (expresión escrita). Ante tal situación, el profesorado universitario no puede asumir la responsabilidad de formar al alumnado en unas capacidades que deben haber sido ya adquiridas en la enseñanza media, pero también es importante tener en cuenta que el propio alumnado ha sido, en buena medida, víctima de una pedagogía que ha desatendido la lectura y la escritura como pilares del proceso formativo. En unos estudios de filosofía estas carencias se hacen aún más patentes, habida cuenta de la centralidad que tienen en ellos tales capacidades.

De este modo, no es extraño encontrarse con que el alumnado protesta por tener "demasiado que leer", que sufra en demasía intentado comprender un texto, o que llegue al TFG con lagunas expresivas imperdonables. Ante tal situación, y sin pretender con ello devaluar otros modos de evaluación, consideramos que es imprescindible *fomentar activamente en clase la redacción de trabajos,* como ensayos, que permitan al alumnado mejorar sus capacidades expresivas. Sin embargo, esto requiere que el profesorado se involucre en el proceso. Así pues, no se trataría meramente de mandar trabajos escritos y de devolver, tras la corrección, una nota. Es importante, especialmente en los primeros cursos, que cada alumno reciba, o pueda recibir, un comentario sobre su trabajo donde se señalen las deficiencias y se ofrezcan los recursos y la orientación necesaria para afrontar la tarea de superar sus dificultades. Ahora bien, la manera de materializar esto puede variar. Por ejemplo, se pueden aprovechar los recursos que ofrece la plataforma Enseñanza Virtual. Particularmente estamos pensando en cómo, una vez gestionada la entrega de trabajos a través de dicha plataforma, el profesorado tiene la posibilidad de abrir comentarios en el propio texto que el alumno podrá consultar. Sin embargo, somos conscientes de que llevar esto a cabo con cada alumno puede resultar una tarea inasumible para aquellos profesores con una gran carga docente anual. En cualquier caso, fomentar la expresión escrita e incentivar al alumnado a, más allá de la nota, asistir a tutorías para aclarar cómo mejorar su rendimiento expresivo es, a nuestro parecer, una tarea fundamental.

2. ALGUNAS ORIENTACIONES SOBRE LOS CONTENIDOS DOCENTES

Los proyectos docentes de asignaturas de grupos de Doble Grado pueden, en la medida de lo posible —y sin olvidar nunca que en dichos grupos hay estudiantes de distintas titulaciones—, orientarse de manera que abarquen ciertos contenidos de un interés específico para este perfil de alumno. Esto no quiere decir, ni mucho menos, que el proyecto docente deba estar particularmente orientado hacia temáticas estrechamente vinculadas con el derecho. Procedemos a poner algunos ejemplos basados en nuestra experiencia docente:

(a) Ahí donde la metodología hermenéutica sea, o pueda ser, uno de los temas centrales de un proyecto docente[1], se puede hacer énfasis en la hermenéutica jurídica como una de las distintas formas en la que la práctica hermenéutico-exegética se ha concretado en nuestra tradición (siendo otras clásicas concreciones, por ejemplo, la hermenéutica sacra o la filológica). Por otra parte, se pueden pensar ejemplos específicamente jurídicos para ilustrar la explicación de

[1] Por ejemplo, en asignaturas como Métodos del pensamiento filosófico, Corrientes actuales de la filosofía o, por supuesto, Hermenéutica filosófica.

conceptos hermenéuticos. Expongamos, muy resumidamente, un ejemplo. Durante el curso 2023-2024, y con ocasión de la condena al futbolista Daniel Alves por violación, comentamos en clase un extracto de la resolución jurídica publicada el veintidós de febrero de 2024. Este texto jurídico nos sirvió para ilustrar desde un análisis hermenéutico de la cuestión cómo se ha producido una transformación en la interpretación y, sobre todo, en la *comprensión* de una realidad social y jurídica como es la del consentimiento sexual.

(b) En asignaturas como Historia y conceptos fundamentales de la metafísica (primer curso) o Metafísica (segundo curso) suele ser una parte importante del proyecto docente la crítica o destrucción (*Destruktion*) de la metafísica por parte de Martin Heidegger. Esta cuestión puede trabajarse a partir de la lectura de diversos textos. En el curso 2022-2023, y de nuevo con un grupo de doble grado, decidimos abordar una lectura y análisis del texto *La pregunta por la técnica.* El interés de esta elección radica en que, además de permitir comprender la crítica a la metafísica —que era el principal fin—, también permitió ejemplificar estas cuestiones a partir de temas de gran actualidad que implicaban aspectos jurídico-legislativos. Por ejemplo, y aprovechando una vez más sucesos que en aquel momento eran de gran y rabiosa actualidad, utilizamos el caso de la explotación acuífera de Doñana como ejemplo de manifestación de una comprensión técnica del mundo en los términos de la crítica de Heidegger. Asimismo, también fueron comentados en clase los intentos político-legislativos por regularizar tal explotación desde la Junta de Andalucía.

(c) Tomemos un tercer y último ejemplo. Al abordar un análisis fenomenológico-existencial de la experiencia del perdón[2], la temática se presentó fácilmente reconducible a una discusión y debate acerca de las fronteras entre ética y legalidad. Para ello fueron muy pertinentes, por ejemplo, las ideas de Vladimir Jankélévitch, o un comentario de *Los miserables,* de Víctor Hugo. Del mismo modo, en un análisis fenomenológico de la hospitalidad —y tomando como referencia las ideas de Jacques Derrida— la contraposición entre una hospitalidad absoluta y otra condicionada daba pie a iniciar un debate en torno a la confrontación entre unas exigencias ético-mo-

---

2 Lo cual puede ubicarse en un proyecto docente como el de Métodos del pensamiento filosófico, pero también en Corrientes actuales de la filosofía.

rales de la hospitalidad y sus posibilidades materiales dentro de un marco legislativo.

De este modo, y tras estos breves ejemplos, consideramos que es posible conectar nuestros proyectos docentes con intereses e inquietudes propios y específicos de un perfil de alumnado como el del doble grado. Esto no quiere decir que tengan que abordarse cuestiones técnicas del derecho, o de la filosofía del derecho. En primer lugar, porque no se trata necesariamente de nuestro ámbito en tanto profesores de filosofía, por lo que no tenemos por qué manejarnos en él. En segundo lugar, porque, una vez más, no debemos olvidar que la clase no estará formada exclusivamente por alumnos del doble grado. Por último, porque sería un error transmitir al alumnado que los contenidos propios de los estudios de filosofía solo pueden tener un valor e interés para ellos si están vinculados, en mayor o menor medida, con el mundo del derecho; es decir, consideramos que es importante respetar el valor que tiene la filosofía por sí misma, en toda su pluralidad temática y metodológica. Dicho todo esto, pensamos que una implicación activa por parte del profesorado en los intereses e inquietudes específicos de un grupo redunda en una mayor calidad docente y en un enriquecimiento del proceso de aprendizaje. En ocasiones solo es necesario una pequeña reorientación de ciertos contenidos, como hemos querido ejemplificar anteriormente.

La asignatura de estética en el doble grado en derecho y filosofía

ANTONIO GUTIÉRREZ POZO
Catedrático de Universidad
Director del Departamento de Estética e Historia de la Filosofía

1. INTRODUCCIÓN: EL CONCEPTO DE ESTÉTICA

Otros saberes pueden progresar perfectamente sin reflexionar sobre sí mismos debido a que no necesitan más autoconciencia que la sencilla definición de sí mismos que tienen fácilmente disponible. Esas disciplinas distinguen el contenido de saber que las constituye de su propia definición. Decir qué es la fisiología no nos aporta ningún conocimiento fisiológico. El caso de la estética —en general, la filosofía— es muy distinto. Los contenidos de la estética no solo no están separados de su definición, sino que son inseparables de la misma. Saber qué es la estética supone desplegarla. Definir la estética forma parte principal del propio saber estético. El término 'estética' designa tanto algo real —lo estético— como la disciplina filosófica que lo tiene por objeto. Lo estético puede ser lo artístico, todo lo artificial en general, pero también la naturaleza. La comprensión de la estética como saber filosófico está estrechamente vinculada al concepto de su objeto. Por eso, Hospers (1980, p. 97) define la estética como "rama de la filosofía que se ocupa de analizar los conceptos y resolver los problemas que se plantean cuando contemplamos objetos estéticos". Una vez entendidos esos objetos como objetos de la experiencia estética, la clave del saber estético consistiría en caracterizar la propia experiencia estética y su estatus. En suma, según entendamos la naturaleza de la realidad estética, definiremos la estética filosófica que sobre ella reflexiona. De hecho, la estética surgió en el siglo XVIII con el propósito de englobar en la filosofía todos los hechos estéticos y artísticos. La realidad estética es muy variada. Su carácter abierto y su indeterminación, además de hacer de lo estético un concepto algo vago e impreciso, ha facilitado su vinculación con otros aspectos del ser humano de naturaleza metafísica, ética, antropológica, política o social. La autonomía que caracteriza al ámbito estético no le impide entablar relaciones esenciales con el resto de dimensiones del ser humano. Esta amplitud de lo estético, trabado necesariamente con el resto de dimensiones humanas, es la causa de que se haya erigido en una categoría central de nuestro mundo, y, al tiempo, la razón que explica el papel tan sobresaliente que desempeña la estética como saber en nuestro tiempo.

Aunque el origen histórico de la estética como disciplina filosófica es relativamente reciente, la dimensión de lo estético es una dimensión primordial del ser humano, sin la cual es incomprensible. La plural comprensión de lo estético a lo largo de la historia de la estética da buena cuenta de su relevancia. Ya en la Ilustración, en el origen de la disciplina filosófica de la estética, lo estético, frente al absolutismo político, es inseparable del espíritu crítico de libertad y democracia. En el pensamiento kantiano, lo estético funciona como puente entre la necesidad natural y la libertad ética, lo que permite conectarlo con lo moral de modo simbólico. La esfera estética kantiana es "el lugar de mediación y de paso entre los dos pilares del sistema crítico que son la razón teórica (conocimiento) y la razón práctica (moral)" (Schaeffer, 2005, p. 16). Kant delimita la autonomía de lo estético frente al conocer y la moral, pero además estima que en él se fusionan esas dos dimensiones. Aunque no es el modo supremo, lo estético según Hegel es una forma de expresión de la verdad. Kierkegaard considera que lo estético describe la naturaleza de la existencia europea en crisis a mediados del siglo XIX. Por distintos e incluso contrapuestos motivos, Schopenhauer y Nietzsche comprenden lo estético como ámbito de salvación de la humanidad. Lo estético en Heidegger, representado por el arte y especialmente por la poesía, es el lugar de la verdad de lo existente puesta en obra, el ámbito que posibilita la escucha del ser de las cosas. Para Adorno, lo estético, en tanto lenguaje del dolor real y concreto, es un instrumento político crítico-revolucionario.

2. OBJETO ESTÉTICO Y EXPERIENCIA ESTÉTICA

El primer cometido de la disciplina estética es describir lo estético: "La tarea de la reflexión estética es identificar y comprender los hechos estéticos, y no proponer un ideal estético o criterios de juicio" (Schaeffer 2005, 21). La notoria amplitud del concepto de lo estético no puede impedir el esfuerzo fenomenológico de reducirse a sus elementos mínimos esenciales. Así, la dimensión de realidad de la estética posee, a su vez, dos caras, la que mira al objeto, al mundo, y la que mira hacia el sujeto. Lo estético, por un lado, se refiere a los objetos o contenidos estéticos. La estética de las cosas —sean naturales o artificiales— no es sino su apariencia sensible y formal, lo que se aparece de las cosas a nuestra sensibilidad, o sea, su aspecto sensible (*aisthetá*) o lo percibido, a diferencia de lo conocido (*noetá*).

Una nota de lo estético del objeto es su carácter interesante. Lo estético tiene que sorprender, extrañar, asombrar. Si es mera duplicación de lo ya dado no es algo estético. Aunque *Brillo Box* de Warhol parezca una mera repetición material de las Cajas Brillo del supermercado, no lo es. Pero lo estético se refiere tanto al aparecer sensible de objetos como, por otro lado, a nuestra experiencia de las cosas, materiales o ideales. Estas dos caras de lo estético son inseparables. Una posición objetivista sostendría que nuestra experiencia estética depende de la estética de los objetos, mientras que otra más subjetivista pondría el centro de atención en la experiencia sentimental subjetiva. Schaeffer (2005, 32) afirma que "aquello que es importante para definir un comportamiento estético no es su objeto, sino la actitud que adoptamos frente a él". Hacia 1925, Basch había escrito que "el carácter estético de una obra no consistirá tanto en una cualidad propia de ese objeto como en una actividad de nuestro yo, una actitud que nosotros tomamos frente a ese objeto" (*apud* Huisman 2002, 96). Podemos hacer con intención estética un objeto y dotarlo de cualidades estéticas, de modo que consideramos que es estético sin necesidad de ninguna atención ni actitud estética. Ahora bien, un objeto puede no tener esos rasgos estéticos, sea porque se produjo sin intención estética o porque consideramos que los objetos naturales no son estéticos *per se*, pero podemos atenderlo estéticamente y comprenderlo como un objeto estético. Cualquier objeto puede ser tratado en actitud estética, y lo estético entonces no estaría en él, sino en el modo con que nos relacionamos con él. Esta es la "distinción entre función estética intencional y función estética únicamente atencional" (Schaeffer 1999, 471). En cualquier caso, la experiencia estética que situamos en el sujeto concentra lo estético y ha sido de hecho históricamente el objeto principal de la disciplina filosófica estética. Por ello, la estética como saber filosófico consiste en la reflexión sobre este ámbito sentimental. Hegel (2007, 7) escribe que la "estética designa más exactamente la ciencia del sentido, del sentir".

La realidad estética que localizamos en el sujeto es la experiencia estética, la cual consiste, primero, en la afección o sentimiento que produce en nosotros el aspecto estético de los objetos. Lo estético subjetivo equivale a la reacción sentimental del sujeto a su encuentro con las cosas en general. Estar en el mundo implica una respuesta afectiva subjetiva y la estética se encarga de esa disposición afectiva. Ahora bien, no cualquier afección que nos cause el mundo puede ser considerada estética. La experiencia afectiva es estética cuando incluye el resto de características. Segunda, la percepción de dichos contenidos u objetos estéticos; tercera, la experiencia de agrado y placer que ocasiona en el sujeto. Cuarta, una dimensión valorativa del objeto, enjuiciadora. Esto es lo que nos lleva a valorar unas apariencias como bellas frente a otras feas. De hecho, cuando sentimos que algo es bello, bonito, solemos decir que es estético. Las diferencias entre las apariencias sensibles son tan patentes que lo estético es insoslayable. Aunque la experiencia estética suele inclinarse hacia su aspecto receptivo y, especialmente, hacia su dimensión perceptiva, el acontecimiento estético no puede reducirse a esa atenta percepción de unos objetos o contenidos que suelen exceder lo conceptual. Además de lo afectivo y lo valorativo, la experiencia estética incluye también, como quinto rasgo, el lado creativo. Puede afirmarse que la *aísthesis* en sentido amplio engloba lo 'aisthético' (receptivo) y lo 'poiético' (activo). La sexta propiedad que caracteriza a la experiencia estética es la capacidad de absorción contemplativa del sujeto en el objeto, al que atiende exclusivamente tras desconectar del resto del mundo y concentrarse en la percepción de dicho objeto. En efecto, según Schaeffer (2005, 32), "la atención estética es un componente básico". Podemos incluso pensar que lo que llamamos 'experiencia estética' —o 'actitud estética'— no existe en rigor como tal, sino que realmente es un estado de atención radical de la conciencia a los objetos de que se trate.

3. ESTÉTICA Y CONOCIMIENTO

3.1. El conocimiento estético

Esta atención a la objetividad estética permite que la experiencia estética posea carácter cognoscitivo como séptimo rasgo definitorio. Para Berenson (1978, 78), la experiencia estética consiste en un "instante fugaz, tan breve hasta ser casi sin tiempo, en el que el espectador se identifica totalmente con la obra de arte que está contemplando". La contemplación que define a la experiencia estética implica que contiene conocimiento. El espíritu científico moderno presuponía una brecha entre el conocer racional y el sensible que acabó desactivando lo estético. Posteriomente, Carnap advierte que "el propósito de un poema lirico en el que aparecen las palabras "fulgor solar" y "nubes" no es darnos información respecto a determinados hechos meteorológicos, sino expresar determinada situación sentimental del poeta y despertar sentimientos similares en nosotros", de manera que entonces "un poema lírico no posee sentido aseverativo, no posee sentido teórico, ni contiene conocimiento" (Carnap, 1998, 17). Frente a este expresivismo emotivista, la estética nace de la convicción de que hay una verdad del mundo que no es científica, y de que lo estético entrega un conocimiento peculiar acerca de la realidad. La estética presupone que lo verdadero no ha sido confiado en exclusiva al concepto. "El creador de la Edad Moderna no es solamente Descartes, sino también Cervantes", subraya Kundera (2012, 15). Además de científica, cartesiana, la modernidad es estética. La liberación del dogma religioso también siguió el camino estético.

Lo estético es sentimiento, sensación, pero no se puede reducir al mero sentir de la pura inmediatez. La sensibilidad estética es peculiar. Estética es aquella sensación que va unida al juicio, a la reflexión. La sensación estética se distingue porque va cargada de luz, de inteligibilidad. La estética no se limita a la sensación, sino que trata la sensación indisolublemente trabada con la reflexión, que, por eso mismo, place no en la mera sensación, sino en el juicio, o sea, en la sensación combinada con la reflexión. El sentimiento estético ilumina, pero no de forma distinta, sino confusa, intuitiva. Equivale a una intuición difusa de apertura de horizontes, no discursiva ni fundada sobre argumentos distintos. Esta sentimentalidad estética provoca en nosotros como un alumbramiento súbito, una intuición superior que contiene una comprensión inmediata que parece revelarnos verdades profundas que vemos de un solo golpe y que no podemos precisar con distinción discursiva. La experiencia estética consiste en un sentimiento colmado de significados confusos. El saber humano no se reduce a lo claro y distinto. Este aspecto de lo estético es lo que Baumgarten llamó *cognitio sensitiva* y lo que le permitió afirmar en su *Aesthetica* que la "estética es la ciencia del conocimiento sensitivo" (Baumgarten, 2014, § 1, 30). Esta sensibilidad estética entraña un saber peculiar con una lógica propia, estética, basada en la indeterminación, la inexactitud, la vivacidad, la inmediatez, el salto no deductivo, el brillo, la versatilidad y la sugerencia, una lógica diferente de la del conocer conceptualista y argumentativo que Baumgarten denominó *cognitio rationalis.* Esta diferencia cualitativa el conocimiento sensitivo y el racionalista, provistos de distintas racionalidades, recuerda la antigua división entre *aísthesis* y *nóesis.*

3.2. El nacimiento de la estética

El hecho de que el saber estético sea distinto del noético-conceptual en virtud de su naturaleza y no solo por grado, es lo que permite la constitución de la disciplina estética como una parte autónoma de la filosofía volcada sobre ese peculiar conocimiento, o sea, como una teoría o epistemología de aquella sensibilidad cognoscente. La estética se constituye como saber filosófico cuando su objeto —*cognitio sensitiva*— se reivindica como un ámbito autónomo y legítimo, tras la relegación a que lo había sometido la tradición racionalista. Esta legitimación de lo estético se produce en Baumgarten, que afirma, por una parte, que a la disciplina estética se le podría objetar que "es indigna de los filósofos, y las sensaciones, fantasías, fábulas, perturbaciones afectivas, etc., se encuentran por debajo de su horizonte", pero también, por otra, que "el filósofo es un hombre entre los hombres y no hace bien en considerar ajena a sí mismo una parte tan importante del conocimiento humano" (Baumgarten, § 6, 31). No es indigno que la filosofía bajo la forma de estética trate lo sensible porque da lugar a un conocimiento propio, independiente de la *nóesis*, que aporta una perspectiva peculiar sobre la realidad. El conocimiento sensitivo y confuso es denominado por Baumgarten 'estética natural', esto es, lo estético primario, la experiencia estética real y espontánea, y luego sobre ella reflexiona la 'estética artificial', que consiste en el saber filosófico estético y que es un conocimiento ya conceptual y discursivo, con pretensión de claridad y distinción. La estética como disciplina filosófica por tanto no es 'estética' en el sentido del saber sensitivo que constituye su objeto, sino que ella misma es *cognitio rationalis* sobre la *cognitio sensitiva*. Como saber filosófico que es, tiene que ser conceptual y no sentimental. Es voluntad de claridad y distinción vertida sobre un saber confuso. La estética artificial o filosófica siempre será una actividad secundaria respecto de la estética natural, su objeto y fuente última de todos sus significados.

La autonomía de la estética se fundamenta igualmente sobre el hecho de que lo bello, lo estético, vale por sí mismo con independencia p. e. de lo verdadero o lo bueno. Lessing (1977, 124) declaró que "solo quisiera dar el nombre de obras de arte a aquéllas en las que el artista se ha podido manifestar como tal, es decir, aquéllas en las que la belleza ha sido para él su primera y última intención". La estética como tal surgió en la modernidad ilustrada. Si nos centramos en el objeto hubo estética ya desde los griegos, pues ya en ellos abunda la reflexión filosófica sobre todo tipo de temas estéticos. Pero en la modernidad el objeto es legislado desde el método, que se convierte en la categoría moderna principal: "No es la victoria de la ciencia lo que caracteriza a nuestro siglo XIX, sino la victoria del método científico sobre la ciencia" (Nietzsche 2006, 646). A partir del giro subjetivista/epistemológico, el objeto estético es definido por el método. Puede asegurarse entonces que la estética se origina en un contexto cognoscitivo, en el ámbito de la teoría del conocimiento. La estética nace una vez que la filosofía deviene teoría del conocimiento. La propia estética analiza lo estético en clave epistemológica, como si fuera un hecho básicamente cognoscitivo. Con el estudio de la *cognitio sensitiva*, lo que hizo Baumgarten con la estética fue ampliar la epistemología leibniciana, que se había centrado en la *cognitio rationalis.* Lo bello también es entendido desde el conocimiento: "El fin de la estética es la perfección del conocimiento sensitivo en cuanto tal. La belleza es esto" (Baumgarten § 14, 33). Esta búsqueda de perfección del conocer sensible hace patente que Baumgarten no sitúa la estética en el objeto, pues no busca su perfección, sino en el propio conocer. La perfección para la filosofía tradicional consistía en la adecuación conocimiento/cosa, pero en la estética moderna la perfección solo se predica del conocimiento, al margen de la cosa conocida. Esta posición es deudora del modelo científico moderno y cartesiano del conocer que, basado en el método y con total independencia de las cosas, las legisla desde el propio método. La perfección consistiría en respetar las reglas del método que constituye *a priori* la verdad de los objetos.

El pensamiento kantiano es una buena prueba del predominio del patrón epistemológico. Del mismo modo que estudia las condiciones de posibilidad del conocer científico presentando las condiciones de posibilidad de la conciencia teórica, estudia las condiciones que hacen posible el juicio estético detallando la estructura *a priori* de la conciencia estética, compuesta por el desinterés, la finalidad sin fin o la universalidad subjetiva. El propio Kant confirma que, aunque los juicios estéticos o de gusto no aportan nada por sí mismos al conocimiento del mundo, "pertenecen solo a la facultad de conocer y muestran una relación inmediata de esta facultad con el sentimiento de placer o dolor" (Kant 1977, 67). De hecho, Kant subraya que lo que está en la base del juicio estético es "el estado de espíritu en el libre juego de la imaginación y del entendimiento (en cuanto éstos concuerdan recíprocamente, como ello es necesario para un conocimiento en general)" (Kant 1977, § 9, p. 117). El juicio estético no describe el objeto, ni lo conoce por supuesto, pero sí que describe el sentimiento que experimenta el sujeto cuando se da el libre juego de las facultades de conocimiento como si fueran a conocer. Por tanto, la estructura formal del conocimiento es la que subyace a lo estético. Hegel no solo localiza lo estético en el ámbito formal del conocimiento, como Kant, sino que, superando el cisma kantiano entre lo bello y el conocer, lo entiende como conocer al determinar lo bello como "apariencia sensible de la idea" (Hegel 2007, 85).

Para Baumgarten, la peculiaridad y la autonomía de este saber estético o sensitivo son compatibles con su inferioridad respecto del conocer racional. No solo lo califica de "gnoseología inferior", sino que además, al definirlo como "análogo de la razón", lo entiende desde el conocer racionalista que, convertido en patrón de medida, es reconocido como superior (Baumgarten § 1, § 9, 30, 32). "El conocimiento distinto es superior", sentencia finalmente (Baumgarten § 8, 31). El conocer estético es inferior, pero necesario para llegar al nivel cognoscitivo superior pues "es condición ineludible, para encontrar la verdad, allí donde la naturaleza no salta desde la oscuridad hasta la distinción. De la noche al mediodía a través de la aurora" (Baumgarten § 7, 31). El saber estético es una etapa intermedia de paso obligado entre la oscuridad confusa y la claridad distinta. La misma tesis encontramos en Hegel, pero expuesta en clave histórica. En el mundo griego clásico, lo estético, representado por el arte, era "el modo supremo y absoluto de hacer al espíritu consciente de sus verdaderos intereses", pero "el arte ha dejado de procurar aquella satisfacción de las necesidades espirituales (...) ya pasaron los hermosos días del arte griego", ya que ahora, añade Hegel (2007, 13), "hay una captación más profunda de la verdad (...) el pensamiento y la reflexión han sobrepujado al arte bello". El arte griego, lo estético desplegado en Grecia, equivale a la aurora baumgartiana que nos permite el tránsito al mediodía del concepto filosófico. Precisamente por tener por objeto este saber inferior, la estética quedó relegada a ser habitualmente una disciplina filosófica secundaria, salvo en algunos autores del romanticismo e idealismo alemán que, tras afirmar que "el acto más elevado de la razón es el acto estético" (Schelling, Hölderlin, Hegel, 1994, 230), convierten el arte en órgano de conocimiento de lo absoluto, tras el reconocimiento de la insuficiencia del discurso filosófico, incapaz de acceder a la verdad última de lo real. Según Schelling, "el arte es el único órgano verdadero y eterno y a la vez el documento de la filosofía que atestigua siempre y continuamente lo que la filosofía no puede presentar exteriormente" (Schelling 1988, 425). Se produce entonces un giro copernicano: el saber estético, lejos de ser ya inferior, es el conocimiento superior, en detrimento del conocimiento filosófico conceptualista, rebajado ahora a saber inferior. La estética es entonces quien satisface la función de compensación del vacío de desencantamiento producido por la crisis de la racionalidad filosófico-científica.

4. LO ESTÉTICO COMO SENSACIÓN PENSANTE

El saber estético surge como consecuencia de la pretensión de civilizar lo sensible, lo corporal, o sea, lo salvaje, lo que se sitúa fuera de los límites de la racionalidad y la cultura. Eagleton (2006, 65) sostiene que "la estética nace como un discurso del cuerpo". Esta voluntad civilizadora de la estética se consuma, por una parte, reclamando la ampliación de la racionalidad para que pueda acoger lo sensible, y, por otra, reconociendo que lo sensible no es tan inculto, sino que posee ya en sí mismo un germen de logos.

En último término, la condición necesaria de posibilidad de un discurso del cuerpo, de la estética en suma, no es otra que el hecho de encontrar logos en ese dominio en principio salvaje. La estética entonces es un saber integrador, pues tiene un pie en lo racional y cultural, y otro en lo sensible y salvaje. El sentido de la estética es ejercer de mediación entre ambos universos. Lo estético entonces es el ámbito de lo sensible inteligible. Es el resultado de la fusión de la sensación (*aísthesis*) y la inteligencia (*nóesis*), del "sentimiento y el intelecto (…) el conocimiento y el goce" (Trías 2001, 204). La experiencia estética discierne, conoce *sui generis*, sensitivamente, y, al tiempo, esa actividad cognoscitiva lleva consigo una carga emotiva de placer —o dolor—, y es valorada en virtud de ambas. Ese conocimiento peculiar se convierte en experiencia estética cuando esa misma actividad cognoscitiva produce la emoción placentera o dolorosa que lo acompaña. Lo estético, en suma, es una sensación pensante, o sea, pensamiento sentiente. Lo propio del sentir estético es que tiene ideas y, mediante ellas, aumenta el horizonte de nuestro mundo. Esta dialéctica es la que da sentido y define a la propia estética como "compenetración de la sensibilidad con la inteligencia" (Trías 2001, 209). Lejos de estar reñido lo sensible/placentero con lo hermenéutico/cognoscitivo, lo que distingue a lo estético es la fusión inseparable de ambas dimensiones. Esta unión en lo estético de la sensación y la idea, es decir, el hecho de que de lo sensible se desprenda la idea, fue concebido por Kant bajo el concepto de 'idea estética', definida como "la representación de la imaginación que provoca a pensar mucho, sin que, sin embargo, pueda serle adecuado pensamiento alguno, concepto alguno, y que, por tanto, ningún lenguaje expresa del todo ni puede hacer comprensible" (Kant 1977, § 49, 220). El arraigo de esta peculiar idea en lo sensible, y la sensibilidad inseparable del pensar aproximan lo estético a lo simbólico, que también es un elemento sensible que produce pensamientos y que, sorteando la univocidad, tampoco puede adscribirse totalmente a una idea.

5. SUBJETIVIDAD, UNIVERSALIDAD Y PLACER EN LA ESTÉTICA

Esta sensación estética es relativa a cada subjetividad, hasta el extremo de que el mismo objeto no solo puede producir sentimientos significativos diferentes según los sujetos, sino que en algún caso puede no producir ninguno. En principio, 'estético' significa en Kant, clave de la estética moderna, algo sentimental y subjetivo. Esta dependencia del sujeto sentimental explica que la modernidad no pudiera encontrar criterios del juicio estético. Para evitar este relativismo subjetivista, Kant buscó en ella una dimensión trascendental, universal y necesaria. Kant enseña que la estética finalmente estaría sometida a las mismas condiciones que regulan el conocer y la moral, de modo que también en el lugar por excelencia de lo subjetivo, lo estético, podríamos encontrar necesidad y universalidad. Lo estético sigue entonces una ley universal trascendental, pero paradójicamente es subjetiva, dando lugar a una "universalidad subjetiva" que se resume en la pretensión o exigencia de universal aprobación del juicio estético subjetivo (Kant 1977, § 6, § 8, 110, 115). Por tanto, a partir de Kant, en la dimensión estética se funde lo subjetivo individual y lo universal objetivo, la "unión inmediata de lo singular y lo universal" (Trías 2001, 203). Kant introduce en el ámbito de la estética, en la sensibilidad, una especie de imperativo: la exigencia (subjetiva) de universalidad en la aprobación del juicio subjetivo. Esta pretensión, que en principio no puede estar en el mero sentir, es la dimensión trascendental de lo estético que Kant le añade a la sensibilidad. Así queda vinculado universalmente lo estético en el pensamiento kantiano. Para el objetivismo que aspira a la universalidad, es un estorbo que hay que eludir el papel tan destacado que tiene lo subjetivo en la estética. Valiéndose de su filosofía trascendental, Kant, consciente del carácter constitutivo de lo subjetivo en la estética y de la imposibilidad de extirparlo, ha articulado lo subjetivo y lo universal objetivo en la estética. Ahora bien, no es necesario recurrir a lo trascendental. El hecho de que lo subjetivo sea integrante esencial de lo estético no perjudica el acceso a la objetividad, salvo para los que defienden un objetivismo abstracto, y creen que la simple presencia de lo subjetivo es un impedimento porque siempre, por su propia naturaleza, es origen de falsedades. Pero no lo es si, frente al objetivismo y subjetivismo, afirmamos no solo que no hay más que subjetividades y que no son obstáculos, sino que además solo desde lo subjetivo se puede edificar el conocimiento objetivo que nos es accesible a los seres finitos. Lejos de ser la subjetividad enemiga de la verdad y la objetividad, son complementarias. Por tanto, solo desde la subjetividad se puede fundar la estética. Es más, al ser el lugar por excelencia de lo subjetivo-relativo, la estética, como saber filosófico que aspira a lo universal objetivo, representa el paradigma del saber de los seres humanos como seres finitos destinados a conciliar lo objetivo con lo subjetivo.

Siguiendo el modelo del conocimiento teórico y práctico, la estética kantiana regula el ámbito estético mostrando las estructuras que lo organizan. Esta comprensión casi hace de la estética un saber normativo. Esta normatividad que Kant incorpora en el sentir, y que parece contradecir la naturaleza de lo sensible, es la que permite compatibilizar el placer con la razón conceptualista de la filosofía. Aunque nuestra perspectiva contemporánea nos enseña que el placer —y el dolor—, centrado en lo puramente individual, es inconciliable con las exigencias, leyes y universalidades, Kant lo entiende y legitima incorporándolo a su filosofía trascendental. Por una parte, la exigencia kantiana de universal aprobación del juicio presupone la universal comunicabilidad del estado sentimental del sujeto, y, por otra, que "el poder comunicar su estado de espíritu lleva consigo un placer se podría mostrar fácilmente por la inclinación natural del hombre a la sociabilidad" (Kant 1977, § 9, 117). La universal comunicabilidad que —trascendentalmente— experimentamos al exigir —de modo trascendental— la universal aprobación de mi estado sentimental produce placer porque satisface el hecho de que somos sociables. En esa comunicabilidad estética sentimos —trascendentalmente— la sociabilidad de manera subjetiva, estética, y nada nos produce más placer que sentirnos comunicados —de modo trascendental— con el resto de la humanidad. Esta comprensión kantiana del placer lo hace compatible con la legalidad filosófica entendiéndolo como consecuencia del juicio. En definitiva, la estética se refiere a una experiencia caracterizada por una actitud afectivo/sentimental, contemplativa/cognoscitiva, placentera, valorativa/enjuiciadora e imaginativo/creativa que adoptamos ante el mundo, sea la naturaleza, el arte o cualquier otra fuente física o intelectual que puede suscitar esa actitud, como un teorema matemático p. e., que también puede ser experimentado en actitud estética.

6. ESTÉTICA Y FILOSOFÍA DEL ARTE

Ahora bien, dentro de lo estético (estética natural), objeto de la estética (estética artificial), se encuentra el arte que, sin identificarse con lo estético, ha alcanzado un papel tan preponderante en esta dimensión estética que la reflexión estética en ocasiones se ha reducido a reflexión sobre el arte, a filosofía del arte. De ahí que la disciplina estética haya sustituido su objeto primario —el conocimiento sensitivo y, unido a él, la experiencia subjetiva de la belleza y otras cualidades estéticas—, por el arte. Antes de que naciese en la Ilustración la estética en sentido estricto como comprensión de todo lo estético desde la experiencia subjetiva, lo que podemos llamar 'estética' era otra cosa centrada en la forma de los objetos y, sobre todo, en el estudio de las condiciones que permiten que sean reconocidos como bellos. Entonces, escribe Michaud (2007, 124), "la tarea del teórico era determinar qué propiedades hacen que una cosa sea bella". La estética moderna localiza la pregunta por la belleza y el resto de valores estéticos en el sujeto, de manera que la objetividad o normatividad solo puede encontrarse en el gusto. Solo desde la subjetividad puede afrontarse ahora el problema de la belleza y la cuestión de si tal obra es bella o no y por qué. Esto explica que la estética sea entendida por Heidegger como un fenómeno propiamente moderno caracterizado por el hecho de que "la obra de arte se convierte en objeto de la vivencia" (Heidegger 2012a, 63). Considerar el arte estéticamente quiere decir comprenderlo desde el punto de vista de los efectos subjetivos o estéticos que produce, de manera que para entender la esencia de lo artístico hay que analizar al sujeto —receptor o creador—, pues "el modo en que el hombre vive el arte es el que debe informarnos sobre su esencia" (Heidegger 2012b, 57). La estética no es sino la forma que adquiere la metafísica humanista de la subjetividad, que lo reduce todo a vivencia, cuando se aplica al campo del arte. Comprendido el ser humano como *ego cogito* y *ens certum*, la metafísica de la subjetividad lo eleva a *subjectum*, esto es, a fundamento sobre el que reposa todo lo existente, de modo que el ser humano se pone a sí mismo como medida de lo real y verdadero: "El hombre se convierte en el fundamento y la medida, puestos por él mismo, de toda certeza y verdad" (Heidegger 2000, 113). La estética entonces supone comprender el arte reduciéndolo a objeto de las experiencias subjetivas de gusto. Esta centralidad de la estética y el papel tan protagonista que concede al sujeto pueden ser los precursores de la tesis contemporánea deconstruccionista que traslada al espectador el poder de creación de las obras de arte.

El problema de la estética contemporánea es el arte, concretamente la pregunta acerca de qué convierte en arte a un objeto cuya manifestación estética parece indiscernible de otro que, sin embargo, no es arte (cf. Danto, 2005, 37s, 41s; 2013, 50s). La estética entonces se convierte en reflexión sobre la esencia de lo artístico, de manera que, en consecuencia, "la historia de la estética es, en gran parte, la historia de las relaciones recíprocas de las diferentes definiciones del arte" (Aumont 2001, 125). Contra su identificación, Hegel insiste en separar la estética de la filosofía del arte porque, por un lado, para la estética "las obras de arte eran consideradas en relación a los sentimientos que debían producir, p. e., los sentimientos de agrado, de admiración, de respeto, de compasión, etc." (Hegel 2007, p. 7), mientras que, por otro lado, la filosofía del arte comprende el arte como manifestación sensible de la verdad y, por tanto, no lo entiende desde el sentimiento, estéticamente, sino desde su aspecto cognoscitivo. Sin embargo, y a pesar de reconocer que "la expresión apropiada para nuestra ciencia es filosofía del arte", Hegel añade que "nos conformaremos con el nombre de Estética, dado que, como mero nombre, nos es indiferente, y, además, se ha incorporado de tal modo al lenguaje común que, como nombre, puede conservarse" (Hegel 2007, p. 7). Aunque la denomine 'estética', Hegel realmente hace filosofía del arte, no estética, pues ésta, en tanto que significa la reducción del arte a lo estético, a las vivencias o experiencias del sujeto, supone la imposibilidad de comprender realmente la esencia del arte, que es su relación sustancial con la verdad. Por eso Heidegger, que entiende que "la esencia del arte es el ponerse a la obra de la verdad de lo ente", sostendrá, siguiendo a Hegel, que "quizás sea la vivencia el elemento en el que muere el arte" (Heidegger, 2012b, 25, 57). Heidegger arranca el arte del dominio de la estética, que había humanizado y, por tanto, malentendido un fenómeno como el artístico que es propiamente ontológico, pues "en el ser-obra de la obra está en obra el acontecimiento de la verdad, la apertura de lo ente" (Heidegger, 2012b, 51). La estética no puede encontrar la verdad del arte porque la busca en las vivencias y sentimientos subjetivos, y solo se la puede hallar donde está, en las mismas obras de arte. Heidegger desestetiza el arte para entenderlo como lo que es, lugar y acontecimiento de la verdad de las cosas y no como "expresión de la vida del hombre" (Heidegger, 2012a, 63). La esencia del arte ya no es nada artístico, nada estético ni humano, sino una experiencia ontológica. Verdaderamente, la estética es un saber más amplio que la filosofía del arte o que la filosofía de la belleza. La filosofía del arte reflexiona sobre las obras de arte, sea en sí mismas o en su relación con el espectador, el creador o, en general, el mundo del arte. La estética se encarga de consuno de la apariencia sensible/formal de los objetos y de su imbricación con la experiencia y actitud estéticas del público.

Bibliografía

Aumont, J. (2001). *La estética hoy*. Cátedra.

Baumgarten, A. G. (2014). *Estética* [1750], en *Estética breve*. CIF.

Berenson, B. (1978). *Estética e historia en las artes visuales*. FCE.

Carnap, R. (1998). *Filosofía y sintaxis lógica* [1935]. UNAM.

Danto, A. C. (2005). *El abuso de la belleza*. Paidós.

Danto, A. C. (2013). ¿Qué es el *arte?* Paidós.

Eagleton, T. (2006). *La estética como ideología*. Trotta.

Hegel, G. W. F. (2007). *Lecciones sobre la estética* [1820-29]. Akal.

Heidegger, M. (2000). El nihilismo europeo [1940], en *Nietzsche II*. Destino.

Heidegger, M. (2012a). La época de la imagen del mundo [1938], en *Caminos de bosque*. Alianza.

Heidegger, M. (2012b). El origen de la obra de arte [1935-36], en *Caminos de bosque*. Alianza.

Hospers, J. (1980). Fundamentos, en Beardsley, M. C y Hospers, J., *Estética. Historia y fundamentos.* Cátedra.

Huisman, D. (2002). *La estética* [1963]. Montesinos.

Kant, I. (1977). *Crítica del Juicio* [1790]. Espasa-Calpe.

Kundera, M. (2012). *El arte de la novela* [1986]. Tusquets.

Lessing, G. E. (1977). *Laocoonte* [1766]. Editora Nacional.

Michaud, Y. (2007). *El arte en estado gaseoso. Ensayo sobre el triunfo de la estética.* FCE.

Nietzsche, F. (2006) *Fragmentos póstumos IV* [1885-1889]. Tecnos.

Schaeffer, J-M. (2005). *Adiós a la estética.* Antonio Machado Libros.

Schaeffer, J-M. (1999). *El arte de la edad moderna.* Monte Ávila.

Schelling, F. W. J. (1988). *Sistema del idealismo trascendental* [1800]. Anthropos.

Schelling F. W. J., Hölderlin, J. Ch. F., Hegel, G. W. F. (1994). El programa de sistema más antiguo del idealismo alemán [1795]. En J. Arnaldo (ed.), *Fragmentos para una teoría romántica del arte.* Tecnos.

Trías, E. (2001). *Ciudad sobre ciudad. Arte, religión y ética en el cambio de milenio.* Destino.

Las asignaturas de ética I y ética II en el doble grado en derecho y filosofía

ALICIA MARÍA DE MINGO RODRÍGUEZ
Profesora Ayudante Doctora

1. INTRODUCCIÓN. CONSIDERACIONES PRELIMINARES.

La implantación del doble Grado en Derecho y en Filosofía en la Universidad de Sevilla en el curso 2020/2021 supuso para el profesorado de sus asignaturas, además de un reto, una oportunidad intelectual digna de aprecio por parte del Área de conocimiento a la que me encuentro adscrita, el Área de Filosofía moral. Tuve además el privilegio de recibir a esta primera promoción impartiendo al completo las dos asignaturas que nuestra Área tiene asignadas en el primer curso del Grado en Filosofía: Ética I y Ética II.

Sabido es que la Filosofía moral engloba tanto a Ética como a Filosofía política, y más allá de clasificaciones institucionalizadas de las diversas disciplinas, es fácil darse cuenta de la proximidad que tienen con los saberes que corresponden al Derecho, filosófica e históricamente. Por supuesto que esa proximidad no deja lugar a la confusión entre ambas, sino a una profunda colaboración que enriquece las perspectivas, y que en nuestro caso se hace con vistas al planteamiento filosófico de aspectos fundamentales del Derecho, ampliando enfoques y problematizando lo que en las Ciencias jurídicas pudiera darse por sentado y resuelto.

También quisiera señalar, por otra parte, que el primer curso de cualquier Grado universitario se convierte en un curso de adaptación del alumnado a nuevas dinámicas de conocimiento, trabajo, estudio y relaciones, coincidiendo formalmente con su mayoría de edad, por lo que al comienzo del primer cuatrimestre procuro dar la bienvenida al alumnado del Doble grado, sin olvidar su presencia en la totalidad de las siguientes sesiones, para que quienes integramos el aula seamos conscientes de este aspecto de diversidad, y vayamos comprendiendo que desde la preparación y fechas de las actividades de evaluación hasta los ejemplos empleados en las clases hemos de tener presente esta duplicidad, sujeta a obligaciones, horarios, asignaturas... bastante más diferentes de lo que cabría esperar en un único Grado. Mayor exigencia para quienes allí nos reunimos y, sin ninguna duda, mayor enriquecimiento. Sin olvidar el rendimiento ético que implica este ejercicio de ponerse en el lugar del Otro.

Respecto a la metodología empleada, suelo utilizar un método de enseñanza/ aprendizaje que comienza aparentemente con el formato de clase magistral pero que se basa en la interacción dialógica entre alumnado y profesorado, muy adecuada y productiva en el caso de la Filosofía moral. Así se consigue captar el interés del alumnado, que participa con sus propias inquietudes: el terreno de la filosofía moral no puede ser más propicio. No obstante, quien propone las cuestiones, dirige las sesiones y lleva planificada la docencia, los materiales para comentar, los contenidos, los ejemplos ilustrativos... es la profesora, siendo también mediadora entre las diferentes opiniones que puedan conciliarse (aunque muy puntualmente parezcan irreconciliables) en el aula. En más de una ocasión un buen ejemplo que ilustre el punto de desacuerdo, consiguiendo reorientar la atención hacia un dilema moral y el enfoque netamente ético puede atajar una discusión que empieza a ser improductiva filosóficamente y generadora de discordia entre los participantes (Mingo, 2023, 256-260).

Es por ello por lo que propongo la valoración de la asistencia activa y las intervenciones en clase, y que también dejo lugar a la improvisación en algunos momentos con la aportación de preguntas y ejemplos, por parte del alumnado o por mi parte, para que la ética resulte algo vivencialmente relevante, aunque a veces tenga como consecuencia la reorganización de las temáticas y/o materiales, porque se adelantan algunas cuestiones, o nos demoramos demasiado en otras. Sin embargo, no propongo una evaluación continua por medio de las intervenciones, me parece prematuro en primer curso, hay que establecer determinados conocimientos básicos y conceptos fundamentales, y no hay tanto tiempo en una asignatura cuatrimestral como para permitir exposiciones por parte de cada integrante del aula que pudieran auxiliar en la tarea de esa evaluación, pues suelen ser grupos demasiado numerosos para ello (aparte de la exigencia de una meticulosa preparación para la que no se tiene suficiente formación todavía). El examen se convierte en la herramienta para incentivar la expresión escrita y aprobar la asignatura, aunque los otros elementos son tenidos después en cuenta para la calificación final.

Un aspecto más a considerar es la transición que se produce entre el primer y el segundo cuatrimestre: ya hay una mayor madurez después de haber cursado la primera de las asignaturas, se tiene familiaridad con la metodología empleada y, lo que con seguridad reviste mayor importancia, se ha conseguido asimilar una serie de conceptos y conocimientos básicos que ayudarán a seguir aprendiendo en Ética desde un punto de vista más complejo filosóficamente, con mayor número de referencias y autores.

2. LOS CONTENIDOS Y SU JUSTIFICACIÓN SELECTIVA.

Los programas docentes constituyen el punto de partida inequívoco sobre el que basar la elaboración de los proyectos docentes concretos por medio de los que el profesorado presenta su propuesta para una determinada asignatura. En el caso de Ética I y Ética II podemos apreciar la posibilidad de una continuidad temática, favorecida por la continuidad temporal de encontrarse en cuatrimestres sucesivos, lo que permite un trabajo progresivo y ascendente, con mayor facilidad que si mediara más distancia temporal entre las dos asignaturas. La contrapartida es que no se vuelve a tratar en una asignatura específica sobre cuestiones éticas hasta la asignatura optativa que se imparte en cuarto curso del Grado, denominada Teorías y problemas éticos actuales.

En Ética, considerada como disciplina filosófica, sucede algo análogo a lo que pasa con toda la filosofía, lo que la diferencia radicalmente de otros estudios: no hay una serie de contenidos históricamente "desechables" que nos remiten a los logros más valiosos y depurados recientemente, homogéneamente reconocidos en general como los imprescindibles a aprender en la materia, y que justifican universalmente el olvido, o al menos el eclipsamiento, de muchos contenidos previos, pese a ser los que nos han conducido a los *contenidos definitivos.* Por consiguiente, nos enfrentamos a la imposible tarea de condensar el saber filosófico, el saber ético en el caso concreto que nos ocupa, en un reducido número de horas, así que insistimos en esta idea: nos enfrentamos a la *imposibilidad de ofrecer con detalle toda la Ética.* Hay que realizar, por consiguiente, una tarea de selección de contenidos y ofrecer su justificación. La especialización del docente, su afinidad por determinados aspectos y autores, así como la importancia de los conceptos clave con los que se sustenta su propuesta, de modo que propicien la apertura a seguir ampliando los horizontes éticos por parte del alumnado, una vez finalizadas las asignaturas, conducen a la explicación y justificación de la selección realizada.

Hay que añadir que en la selección de contenidos que realizo para nuestras dos asignaturas de Ética se tiene en cuenta, además de las consideraciones previas, su versatilidad para el alumnado del Doble Grado en Derecho y en Filosofía: no olvidemos que comparten el aula simultáneamente con el alumnado del Grado en Filosofía. Sin más dilación, presento mi selección en forma de temario de cada una de las dos asignaturas.

2.1. *Proyecto docente de ética I*

ÉTICA NORMATIVA Y ÉTICA DE LA SITUACIÓN.

1. Pulso e impulso ético. Normas, valores, virtudes.
2. Ética antigua y ética moderna.
   2.1. Antígona.
   2.2. Eudemonía y la ciudad: Aristóteles.
   2.3. Terapia del deseo y razón.
3. Scheler y los valores.
4. Sobre la(s) virtud(es).
5. El lugar de la ejemplaridad

Bibliografía orientativa:

Aristóteles. *Ética a Nicómaco* (hay varias ediciones).
Camps, V. (1990). *Virtudes públicas.* Espasa Calpe.
Gomá, J. (2009). *Ejemplaridad pública.* Taurus.
Nussbaum, M. (2003). *La terapia del deseo.* Paidós.
Sófocles. *Antígona* (hay varias ediciones).
Suances Marcos, M. A. (1986). *Max Scheler: Principios de una ética personalista.* Herder.

2.2. *Proyecto docente de ética II*

CONCEPTOS ÉTICOS CLAVE Y ALGUNOS DE SUS AUTORES.

1. Deber, contingencia y mundo de la vida.
2. Autonomía y heteronomía: ¿un horizonte monológico?
3. El desafío del Otro. La pregunta ética por la Alteridad.
4. Humanismo, libertad y responsabilidad.

5. Aproximación a la ética comunicativa.
6. Posmodernidad y filosofía moral.

Bibliografía orientativa:

Apel, K. O. (1986). *Estudios éticos.* Alfa.

Bauman, Z. (2006). *Ética posmoderna.* S. XXI.

Benhabib, S. (2006). *El ser y el otro en la ética contemporánea: feminismo, comunitarismo y posmodernismo.* Gedisa.

Habermas, J. (2003). *La ética del discurso y la cuestión de la verdad.* Paidós.

Kant, I. (1977). *Crítica del Juicio.* Espasa Calpe.

Kant, I. (1994). *La Metafísica de las Costumbres.* Tecnos.

Lévinas, E. (2006). *Totalidad e infinito: Ensayo sobre la exterioridad.* Sígueme.

Lévinas, E. (1991). *Ética e infinito.* La balsa de la Medusa.

Lipovetsky, G. (2012). *El crepúsculo del deber.* Anagrama.

Sartre, J. P. *El existencialismo es un humanismo* (hay varias ediciones).

3. COMENTARIOS A LOS CONTENIDOS TEMÁTICOS.

Concedo una gran importancia a los respectivos temas primeros de cada proyecto, pues proponen el hilo conductor clave que nos conduce a la comprensión de lo que en último término caracteriza a la perspectiva ética, enlazándola con los conceptos que considero más representativos en cada una de las asignaturas. Considero que en ellos se produce la vertebración de las temáticas propuestas, y todo el conocimiento básico que compete a la Ética tal y como la concibo. A veces nos detenemos demasiado en esos temas iniciales, y el alumnado no termina de captar todas sus implicaciones: tienen que esperar al final del temario para reorganizar mentalmente de modo progresivo todo el contenido de la asignatura y su co-implicación. Y la paciencia no es una de las virtudes que se encuentre en alza en un mundo presidido por la prisa y la satisfacción instantánea, que la tecnología favorece sin duda. Todo lo contrario de la demora requerida por el pensamiento filosófico y su herramienta, el concepto.

3.1. Conceptos básicos

En Ética I los conceptos básicos están enunciados en el epígrafe del primer tema: *normas, valores, virtudes.*

En Ética II se encuentran repartidos por todo el temario: *deber, dignidad, libertad y responsabilidad.*

Las *normas* tienen un evidente interés en el Doble grado en Derecho y en Filosofía, en la medida en que aluden tanto al aspecto filosófico de la posibilidad de la normatividad, de gran importancia en Ética, como a la cuestión de las leyes. Las normas propuestas en el ejemplo de Antígona sugieren intuitivamente un modo muy apropiado de discernir entre ambos tipos de normas: la ley de la ciudad, encarnada en el edicto propuesto por Creonte, y la norma que remitimos a la conciencia moral de Antígona, que la lleva a contravenir esa ley cívica; y esta confrontación se debe diferenciar de otra posible interpretación de la tragedia, en el sentido del choque entre el sistema legal y otras "leyes" no escritas que la tradición propone. Hay alguna asignatura del Grado en Derecho en la que también se aborda esta tragedia, sin embargo, considero que la confrontación de los enfoques en las dos asignaturas puede resultar muy fructífera para detectar las diferencias a las que aludo, más que resultar redundantes. Apuntar a la desobediencia civil y la objeción de conciencia a partir de Antígona también es un modo de introducir este tipo de nociones, problemáticas legalmente y de raíz muy filosófica, en la formación de este alumnado.

Respecto a los *valores*, comenzamos en nuestro primer tema a apuntar hacia esta cuestión cuando explicamos a Kohlberg y su investigación sobre la evolución, en el sentido del desarrollo, del juicio o del razonamiento moral, el cual nos permite tener en cuenta el trasfondo valorativo/axiológico que sustenta su propuesta y que nos conduce, desde una perspectiva de tipo formal, a poder rastrear rasgos de *universalidad* (el tipo de razonamiento) más allá de los contenidos concretos culturales, epocales, situacionales... sobre/con los que se plasma ese razonamiento. Un poco después, tratando el tema de Scheler, afrontamos otro tipo de perspectiva respecto a los valores, con un punto de partida fenomenológico, pero incidiendo en su aspecto material, para acercar esta importante problemática de un modo no relativista y, sin duda, sorprendente. Siempre advierto al alumnado que planteo posibilidades filosóficas (suelo llamarlas *experimentos mentales filosóficos*) que nos hacen pensar radicalmente y de modo extremo las características y consecuencias de lo que pretendemos pensar, para captarlo con mayor, claridad, y posteriormente proceder a matizaciones que nos muestran la complejidad de nuestras *situaciones*. Estos planteamientos sobre los valores nos remiten al fondo filosófico sobre el que se establece el Derecho, aunque se irá haciendo más patente con los contenidos que se trabajan en el segundo cuatrimestre.

Las *virtudes* se irán delineando como ejercicio virtuoso a partir de la propuesta aristotélica, la cual también tiene mucha importancia como medio de acceso, desde los textos de un autor clásico, a otro aspecto fundamental de la ética, revelando la idiosincrasia epistemológica de la filosofía práctica (diferenciable de la que corresponde a la filosofía teórica) y la relación con su específico objeto de conocimiento: el comportamiento humano en relación con los Otros, siendo clave la caracterización del ser humano como *zoon politikon.*

La articulación ético-política aristotélica que nos habla de una *eudemonía* que se traduce, según Nussbaum, más adecuadamente como *florecimiento humano* que como *felicidad* apela a la *vida buena* y al ejercicio *virtuoso* del comportamiento humano. En los dos últimos temas se muestra cómo hay autores españoles, V. Camps y su obra *Virtudes públicas,* que en su Epílogo a la edición de bolsillo titulada *Vicios públicos* se detiene en cómo han de ser consideradas virtudes y vicios en la actualidad, en conexión con nuestra cultura democrática, y de clara inspiración aristotélica, finalizando con las reflexiones que en torno al problema de la *ejemplaridad* nos ofrece J. Gomá. Así el alumnado del Doble grado tiene contacto con el pensamiento de autores españoles actuales ocupados en cuestiones filosóficas que se pueden relacionar con algunas facetas relevantes en Derecho y que podríamos aventurar rápidamente mediante los ejemplos que nos proporcionan las sentencias ejemplares, o bien la consideración de las leyes como guía de ejemplaridad y encarnación de valores reconocidos.

Con esta última propuesta nos desplazamos hacia los conceptos fundamentales de Ética II, comenzando con una versión más sofisticada filosóficamente de las normas y que resulta encarnada por el *deber*: a partir de Kant se produce y explicita la diferencia entre ética antigua y ética moderna (que se apuntaba en el Tema 2 de Ética I), ahora de la mano de la crítica que practica Hegel respecto a Kant en torno a la diferencia entre *eticidad* y *moralidad* en su *Filosofía del Derecho.* En la disciplina ética observaremos en la Modernidad el desplazamiento de las éticas teleológicas, centradas en el problema del bien (Aristóteles), hacia las éticas deontológicas, buscando la universalidad (Kant) y atendiendo al problema de lo justo, lo correcto: el deber será el resultado de esta destilación conceptual. Para una adecuada caracterización de la Ética, proponemos en el tema 2 el tema de la *autonomía* (frente a la heteronomía), que de la mano de Kant se unirá a los conceptos de *dignidad* y *libertad*: son conceptos de importancia crucial para las leyes y su interpretación, es decir, para el alumnado del Doble Grado.

En los temas siguientes se favorecerá el estudio de la *Alteridad* prestando atención a los textos y propuesta de E. Lévinas, para también comprender con más matices filosóficos el concepto éticamente crucial de *responsabilidad*, que por supuesto resulta básico en Derecho. *Libertad* y *responsabilidad* encuentran nociones y ejemplificaciones relevantes en la compañía filosófica de J.-P. Sartre en nuestro Tema 4 de Ética II. Y atendiendo una vez más a Lévinas, se transita del *existencialismo como humanismo* sartreano al *humanismo del Otro hombre* levinasiano, en lo que supone una propuesta ética muy radical que, en su radicalidad, nos ofrece facetas esenciales para reconocer los planteamientos netamente éticos. Los siguientes temas nos aproximan a la contemporaneidad, con la ética comunicativa o del *diálogo* (Tema 5), en relación con K.-O. Apel y J. Habermas, siendo este último uno de los pensadores que también ha reflexionado sobre Filosofía moral y Derecho, y uniendo a estos pensadores las demandas de S. Benhabib acerca de una democracia interactiva para no ser *sustituidos* (suplantados); esta corriente de la ética del diálogo, dicho sea de paso, resulta fuente de inspiración de la práctica didáctica en nuestra aula, aplicando sus propuestas, como ya he explicado anteriormente. El último Tema 6 relaciona la Ética con la posmodernidad, entre las descripciones de G. Lipovetsky, que diagnostica el declive del *deber*, y las contra-críticas de Bauman, reclamando que el punto de vista posmoderno respecto al yo moral solo pueda aspirar a hacer la vida "un poco más moral" (Bauman 2006, XXVI).

Para resumir conceptualmente de modo muy breve la cuestión fundamental del Doble Grado, sugiero incentivar desde la Ética la captación de y reflexión sobre la gran diferencia entre *Justicia y leyes*, dos conceptos ineludibles para pensar a fondo en Derecho y Filosofía.

3.2. Consideraciones finales

A lo largo de esta breve exposición de los Proyectos docentes y los conceptos básicos de las dos asignaturas del Área de Filosofía moral impartidas en el primer curso del Doble Grado en Derecho y en Filosofía se ha pretendido mostrar su relación y pertinencia para con esta doble titulación. He comenzado con la caracterización de lo que sea la Filosofía moral y su vinculación con el Derecho, para acercarnos progresivamente a la caracterización de la perspectiva ética, que no se deja confundir ni con una Filosofía política, ni con el propio Derecho, aunque para mostrarlo empleamos muchos ejemplos que nos ilustran esas relaciones y diferencias.

Se abordan muy diferentes autores, algunos clásicos, otros contemporáneos, tanto españoles como extranjeros, pero todos con una fuerte impronta filosófica y muy relevantes en Ética. Por medio de una metodología dialógica para fomentar la enseñanza/aprendizaje en el aula, y ayudándome de textos clásicos, textos de prensa, materiales literarios, películas, series, vídeos, refranes y frases hechas (lo que no deja de ser una actualización del método aristotélico en filosofía práctica) pretendo mostrar que *la ética se lee, se oye, se ve, se capta*: es un modo de enfocar nuestras vivencias, desde una perspectiva que necesita ser diferenciada y defendida, pues corre un *grave riesgo* de ser confundida y/o deformada, incluso olvidada en la actualidad.

Los textos obligatorios que propongo son bastante breves, pues son todos comentados en clase, y de otro modo no sería posible. Y un factor añadido para que así sea es porque me parece más adecuado para el momento inicial de los estudios en este primer curso, y siempre sugiero la posibilidad de ampliar lecturas en el tiempo de estudio personal del alumnado, aunque de modo voluntario. También porque esos textos obligatorios tienen relación con la Evaluación: en el examen propongo dos partes a responder obligatoriamente, la primera corresponde al desarrollo de un tema a elegir entre varios propuestos, la segunda es la realización del comentario de un fragmento muy breve y significativo no ciego (y sin elección), que selecciono entre los textos comentados en clase, y que también se ha de relacionar con ideas fundamentales del temario desarrollado, valorando ejemplificaciones, manejo de conceptos básicos…

En este sentido, mi propuesta de evaluación y calificación dice que se impartirán sesiones teóricas, se realizarán sesiones prácticas comentando textos seleccionados de la bibliografía orientativa incluida y/o de algunos otros materiales que se podrán proponer conforme avance el curso, si se considera necesario. También se podrá sugerir la asistencia a otro tipo de actividades (Seminarios, Conferencias, etc.) para complementar la asignatura. Para evaluarla se realizará obligatoriamente un examen por escrito sobre los contenidos del temario, que será necesario aprobar para superar la asignatura. También se podrán evaluar las prácticas mediante la entrega de los trabajos por escrito que se puedan establecer en su momento. Se valorará positivamente la asistencia e intervención activa en las clases; por otra parte, será puntuable la asistencia a las otras actividades (Seminarios, Conferencias, etc.) propuestas. Serán medios para conseguir incrementar la calificación, una vez aprobada la asignatura.

Recomiendo vivamente la lectura de los textos, la intervención en clase cuando se comenten, preguntando las dudas que susciten, al igual que cuando explicamos y dialogamos sobre el temario, y la utilización de las tutorías, del correo electrónico… para resolver cualquier problema de comprensión que pueda surgir.

Las dificultades que detecto respecto al Doble Grado consisten fundamentalmente en los horarios tan extensos de clases que el alumnado debe asumir, y consecuentemente, el gran número de asignaturas y exámenes, a los que a veces les resulta bastante complicado atender. No obstante, suele ser un alumnado de gran capacidad de trabajo y autoexigencia; esto último a veces provoca actitudes inconvenientes, como la búsqueda de mejor rendimiento recorriendo "atajos" (copiando apuntes de dudosa procedencia, intentando memorizar sin comprender…) que acaban provocando el efecto contrario. También aparece en ocasiones una dificultad provocada por una visión restringida de lo filosófico, entendiéndolo a veces al servicio y para realce del Derecho, lo que dificulta su comprensión. Quizá en alguno de los casos anteriores el alumnado se sienta abrumado y tampoco quiera dedicar más cursos a los estudios, entendiéndolo como un fracaso; yo lo vería más bien como una renuncia a la vocación filosófica, por falta de dedicación y por falta de comprensión, en especial al trasfondo ético: pues valorar en mayor medida la eficacia y los "éxitos", utilizando los medios que sean necesarios para conseguir mejores resultados en las calificaciones redunda en una mera concepción cuantitativa y aparente del saber.

La captación filosófica y sus implicaciones propician asumir todavía más la complejidad del saber sobre el Derecho, lo cual puede llegar en ciertos momentos a no ser práctico, pero con total seguridad sí que hará profesionales del Derecho mucho más dúctiles y con mejor formación, más comprensivos y creativos.

Bibliografía

Bauman, Z. (2006). Ética posmoderna. S. XXI.

Mingo Rodríguez, A. M. de (2023). Didáctica específica de la Filosofía moral universitaria: Apuntes para una crítica de la enseñanza/aprendizaje filosófico actual. En V. Caballero de la Torre (Dir.), *¿Quién dijo que no se puede enseñar filosofía?: Apuntes sobre su didáctica.* Tirant Lo Blanch.

La asignatura de lógica en el doble grado en derecho y filosofía

Cristina Barés Gómez
Profesora Contratada Doctora
Directora del Departamento de Filosofía, Lógica y Filosofía de la Ciencia

1. INTRODUCCIÓN

La asignatura de Lógica es una asignatura del Grado en Filosofía y del Doble Grado en Filosofía y Derecho. En este trabajo se mencionará igualmente otra asignatura porque creo que ambas deben seguirse una de otra y además son la introducción básica para la comprensión de asignaturas en cursos posteriores como Filosofía del Lenguaje, Filosofía de la Mente o Filosofía de la Ciencia. Considero que la asignatura de Teoría de la Argumentación (primer curso que trataré en general) puede servir como asignatura introductoria a la asignatura de Lógica (segundo curso en el Grado en Filosofía y cuarto en el Doble Grado en Filosofía y Derecho). Ambas constituyen una formación básica para dotar a los estudiantes de herramientas de análisis conceptuales necesarias para los grados en Filosofía y muy recomendables para el grado en Derecho. Considero que estas asignaturas son fundamentales en los estudios de filosofía y su pérdida puede producir serios problemas de comprensión para los estudiantes, pues no serán capaces de entender muchos conceptos y teorías fundamentales de la filosofía contemporánea.

En este trabajo menciono algunos de los problemas de la situación de las asignaturas en cursos finales del Grado. Concretamente hablo de los problemas que me he encontrado en el Grado en Filosofía en Sevilla y el Doble Grado en Filosofía y Derecho. Como proyecto de innovación docente, su objetivo es evaluar y valorar la educación universitaria realizando propuestas para su mejora. Así la propuesta va en torno a lo apropiado de los estudios de Argumentación y Lógica en los primeros cursos del Grado, mi posición es que no solo pueden, sino que deben situarse en primero y segundo. Con ello, y tal y como se verá en mi programación, no pretendo conseguir un nivel formal metateórico avanzado, así como tampoco pretendo un nivel avanzado en filosofía de la lógica, estos niveles considero deben hacerse en cursos posteriores cuando ya se dominen las bases y para aquellos estudiantes que estén interesados en continuar sus estudios en el área de Lógica. Lo que sí pretendo es dar una formación suficiente y útil en Lógica y Argumentación en Filosofía o para la Filosofía, puesto que considero que la Lógica y la Argumentación son Filosofía. Para ello, uno de los aspectos fundamentales creo que debe ser la relación de las asignaturas, al menos las del área, unas con otras. Las asignaturas de lógica no deben de mantenerse aisladas, sino que forman parte del área de Lógica y Filosofía de la Ciencia.

2. MODELO METODOLÓGICO

El modelo metodológico parte de las ideas de los estudiantes y pretende resolver una pregunta inicial. A partir de estas cuestiones se suceden actividades prácticas y teóricas como actividades de contraste. Esta estructura se puede repetir en la misma sesión o en sesiones diferentes, según las actividades previstas para la sesión.

Pregunta inicial:

Permite comenzar por un problema filosófico. Los problemas son la base de la filosofía y en las clases se pretende comenzar por la cuestión. La idea es hacer que los estudiantes se pregunten ellos mismos y partir de sus respuestas para ir construyendo respuestas y, frecuentemente, otros problemas.

IA:

Ideas de los alumnos. Ya sea mediante un cuestionario inicial, una tormenta de ideas en la pizarra tras varias preguntas breves o una exposición individual o en grupo de textos trabajados. Se pretende partir del conocimiento de los estudiantes para ir avanzando en la programación.

AC:

Actividad de contraste. Esta parte tendrá diferentes secuencias de actividades. Utilizaré las siguientes:

- Práctica de los alumnos ya sea individualmente o en grupo. Este recurso les permite conocer sus propios errores y enfrentarse a los textos directamente.

- Práctica guiada por el profesor con todo el grupo. Usada como actividad de contraste sirve para enseñar la metodología de análisis crítico.
- Teoría. Usada como actividad de contraste ya sea en la pizarra, oral o con recursos visuales (presentaciones).

Conclusión.

Al final de cada sesión se hará una breve conclusión de todo lo trabajado en la sesión. Se pretende con este recurso situar cada sesión dentro del programa. Servirá igualmente como síntesis final.

3. TEORÍA DE LA ARGUMENTACIÓN. ASIGNATURA DE PRIMERO. GRADO DE FILOSOFÍA Y DOBLE GRADO DE FILOSOFÍA Y DERECHO

Esta primera parte no es propiamente la asignatura que presento. Sin embargo, considero que una visión general de lo que se da en un curso anterior, puede resultar útil para la perspectiva global a nivel pedagógico de la asignatura de Lógica que es propiamente la que presento en este trabajo. La asignatura a la que me refiero como introductoria, Teoría de la argumentación, es una asignatura obligatoria de 60 horas repartidas en sesiones de dos horas del Grado en Filosofía y el doble Grado en Filosofía y Derecho de la Universidad de Sevilla, primer año. El contenido de la asignatura es un contenido básico, pues es la primera vez que los estudiantes se enfrentan a las asignaturas del área. La mayoría de los alumnos no tienen nociones de lógica y tampoco de teoría de la argumentación. Sólo algunos han visto algunas nociones de lógica proposicional en el bachillerato. Por ello nuestro punto de partida suele ser de 0, ello nos permite ir construyendo paulatinamente la estructura de la asignatura desde las bases. Comenzar con las bases en Teoría de la argumentación favorece la asimilación de conceptos en Lógica, pues, aunque se repitan algunas cosas, ya no son completamente nuevas para el alumno. Ello favorece un aprendizaje paulatino y a largo plazo de los estudiantes, pues ven lo mismo de formas diferentes. El esquema general de este primer curso es el que ofrece el programa oficial de la asignatura en los estudios de Filosofía de la Universidad de Sevilla. Como objetivos fundamentales se considera la adquisición de un conocimiento básico de problemas y métodos de la teoría de la argumentación, así como la relación entre los problemas y métodos en la argumentación en las distintas disciplinas y la capacidad de analizarlos.

4. LÓGICA – GRADO EN FILOSOFÍA – 2 CURSO

Es una asignatura obligatoria de 60 horas repartidas en sesiones de dos horas del Grado en Filosofía de la Universidad de Sevilla, segundo año. El contenido de la asignatura es un contenido básico de lógica formal, algunos estudiantes ya han visto algo de proposicional en el instituto y en la asignatura de Teoría de la Argumentación de primero. Aunque la mayoría de los alumnos tienen nociones de lógica, suelen ser muy deficientes y muchas veces con problemas de base. Por ello, nuestro punto de partida suele ser otra vez de 0, progresivamente, mi intención es pasar rápidamente en las secciones de proposicional clásica con tablas de verdad y entrar con más detalle en las tablas semánticas y siguientes. Ello nos permitiría profundizar un poco más en la lógica de primer orden que siempre queda un poco colgada por falta de tiempo. La lógica de primer orden, sobre todo la semántica, es el antecedente necesario para asignaturas como Filosofía del lenguaje. El esquema general es el que ofrece el programa oficial de la asignatura en los estudios de Filosofía de la Universidad de Sevilla. La formulación, elección de textos, metodología, etc., es una mezcla de trabajos propios y trabajos de otros compañeros del área de Lógica y Filosofía de la ciencia de la Universidad de Sevilla. Para la programación y el proyecto docente tendré en cuenta no solo los aspectos conceptuales, sino también los procedimentales y actitudinales. Explicaré en la primera sección el mapa de contenidos de la asignatura. A continuación, explicaré el temario detallado. Posteriormente explicaré los criterios de evaluación y calificación.

5. LÓGICA – DOBLE GRADO EN FILOSOFÍA Y DERECHO– 4 CURSO

Esta asignatura es una asignatura obligatoria de 60 horas repartidas en sesiones de 2 horas que debería de ser la introducción básica a la lógica. Es una asignatura necesaria para la comprensión de las asignaturas del área, concretamente es fundamental para las asignaturas de Filosofía del Lenguaje, Filosofía de la Mente, Filosofía de la Ciencia, etc. La situación actual de los planes de estudio sitúa esta asignatura en 4 curso para los alumnos de Derecho, una situación de desventaja muy problemática para la comprensión del Grado en Filosofía.

6. MAPA DE CONTENIDOS

En el mapa del proyecto docente, no sólo son contenidos conceptuales, de hecho, es una asignatura principalmente práctica, así es fundamental el manejo de los estudiantes de las herramientas para analizar los argumentos. Los contenidos procedimentales y actitudinales son presentados como parte fundamental junto con los conceptuales, algunos coinciden con la asignatura de Teoría de la argumentación, ya que ambas están enfocadas en la noción de argumento o esquema de argumento. La diferencia es que esta asignatura de Lógica de segundo (o de cuarto) es una asignatura más enfocada en una aproximación formal. Como objetivos fundamentales se considera que el alumno debe conocer la teoría de la demostración de la lógica clásica, tanto a nivel proposicional como de predicados, y adquirir los conocimientos básicos para su estudio meta-teórico.

Contenidos conceptuales: Conocer las principales teorías formales acerca del razonamiento y de la argumentación correcta. Conocer los instrumentos necesarios para el análisis y la evaluación de argumentos desde el punto de vista de la lógica formal.

Contenidos procedimentales y actitudinales: Saber aplicar esas nociones en diversos contextos, especialmente los relacionados con las disciplinas del Área y del Grado. Saber construir razonamientos correctos y explicar por qué se consideran tales. Adquirir destreza en la crítica de argumentos y en la aplicación de técnicas de análisis en el planteamiento de problemas conceptuales y la búsqueda de soluciones. Apreciar la importancia de la discusión argumentativa y la crítica en el desarrollo de la capacidad racional y en la búsqueda de consenso.

El mapa de contenidos será el siguiente:

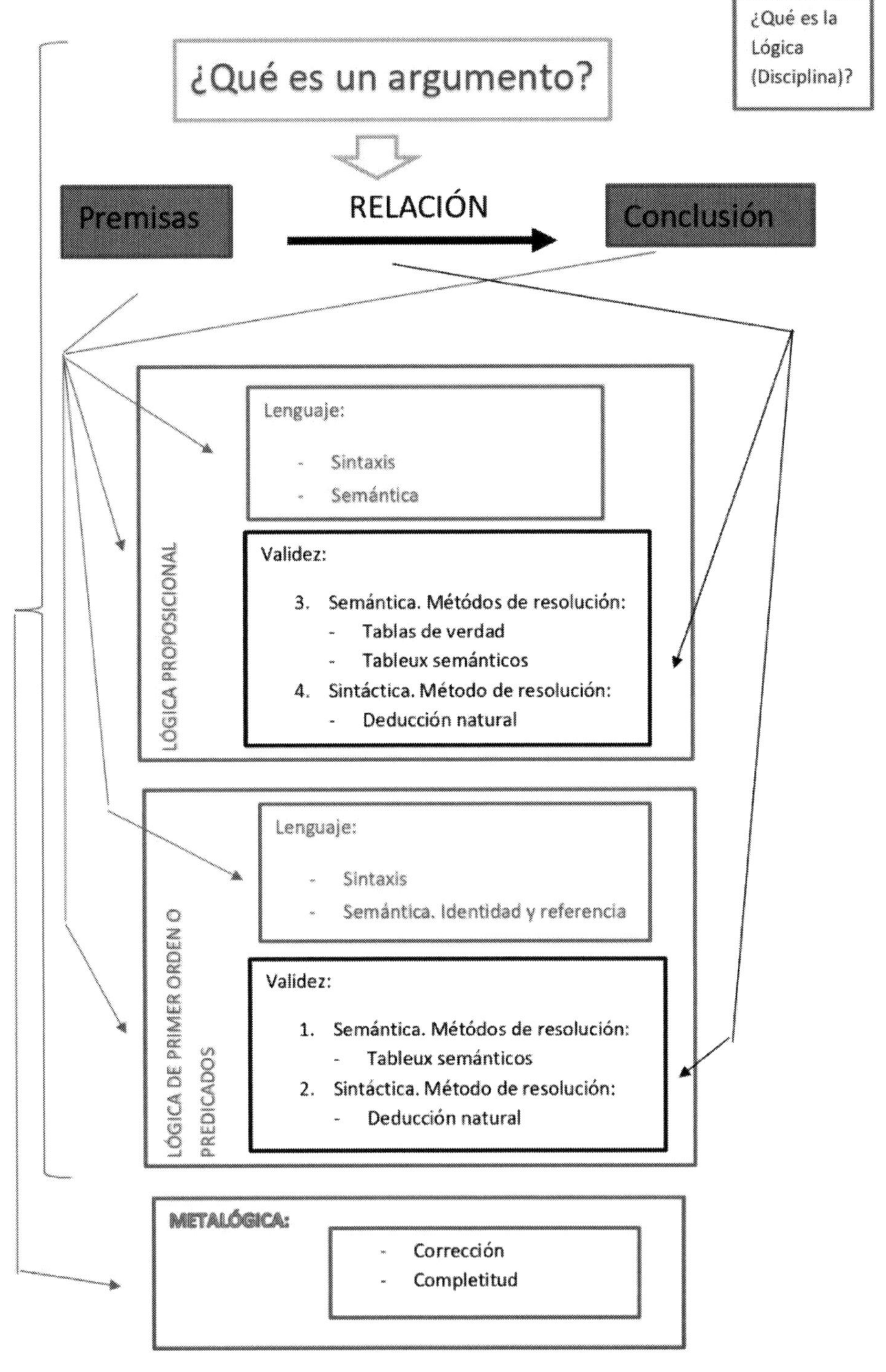
¿Qué es la Lógica (Disciplina)?
¿Qué es un argumento?
Premisas
RELACIÓN
Conclusión
LÓGICA PROPOSICIONAL
Lenguaje:
- Sintaxis
- Semántica
Validez:
3. Semántica. Métodos de resolución:
- Tablas de verdad
- Tableux semánticos
4. Sintáctica. Método de resolución:
- Deducción natural
LÓGICA DE PRIMER ORDEN O PREDICADOS
Lenguaje:
- Sintaxis
- Semántica. Identidad y referencia
Validez:
1. Semántica. Métodos de resolución:
- Tableux semánticos
2. Sintáctica. Método de resolución:
- Deducción natural
METALÓGICA:
- Corrección
- Completitud

7. TEMARIO DETALLADO

La asignatura profundiza en las aproximaciones lógicas a la noción de esquema de argumento. Primero se ofrece la sintaxis y semántica en teoría de modelos para la lógica proposicional (o de enunciados, según los autores) y luego se enseñan dos métodos de resolución basados en una noción de consecuencia lógica semántica (tablas de verdad y tablas semánticas o tableaux). Posteriormente se ofrece la visión sintáctica de la inferencia y se muestra el método de deducción natural. En la segunda parte, dedicada a lógica de primer orden o predicados, se sigue el mismo camino: sintaxis y semántica, teoría de modelos (tablas semánticas), aproximación sintáctica (deducción natural). Si hay tiempo se tratan las nociones de corrección y completitud de la metalógica y se termina con nociones sobre los problemas de identidad y referencia en las semánticas extensionales.

Esta asignatura es una asignatura que resulta bastante complicada para los estudiantes de filosofía (también para los del doble grado), pues sus contenidos son fundamentalmente formales. Por ello, suelo seguir libros en concreto para que los estudiantes tengan una base clara y sin errores para repasar en casa, más allá de sus apuntes. Concretamente me baso en dos libros Gamut 2002 (trad. castellana) [8, 9] y Smullyan 1998 (con traducciones propias de las secciones usadas) [20]. Además, uso en algunos casos los libros siguientes [5, 13, 14].

8. ASIGNATURA

8.1. Introducción a la asignatura

- Argumentos, argumentos válidos y esquemas de argumentos. Lógica y significado. Constantes lógicas y sistemas lógicos. En esta sección se comienza con la pregunta ¿Qué es un argumento? A través de las respuestas de los estudiantes se podrá ver el nivel en el que hay que comenzar la asignatura. La idea es centrar la problemática de la noción de argumento que tratamos en Teoría de la Argumentación ahora desde la perspectiva formal.
- Lógica y lingüística. Forma lógica versus forma gramatical. Paradojas del mentiroso y problemas de la negación. En este apartado primero se presentan las nociones mencionadas y se diferencia la lógica de la lingüística. También se presenta la lógica como lógica formal y la lógica en filosofía. Se ofrecen varios problemas cuya comprensión es más fácil si usamos lógica formal. Se plantean los problemas de la

determinación de la semántica con la paradoja del mentiroso y los problemas de la interpretación de la negación tratando los problemas en las diferentes lenguas, problemas ontológicos, etc. La idea es ofrecer un panorama de algunos de los problemas filosóficos que, gracias a la lógica formal, quedan planteados de forma clara.

8.2. Parte I. Lógica proposicional

- Conectivas veritativo-funcionales. Validez vs verdad. Conectivas y tablas de verdad. Esto es un repaso de las nociones de conectivas que ya dimos en Teoría de la Argumentación y si no se dio, es una introducción. Al situar Teoría de la Argumentación en el Doble grado en primero y Lógica en cuarto, es muy difícil la continuidad, teniendo que comenzar desde cero de nuevo. Su finalidad es dar una visión de lo que son las conectivas lógicas y diferenciarlas de las conectivas gramaticales en las lenguas naturales teniendo en cuenta que no se pretende formalizar todo el lenguaje. Se explica su uso y sus ventajas para la estructura de los esquemas de argumento, así como su semántica con tablas de verdad. Se ofrecerán también ejercicios de traducción del lenguaje natural.
- Fórmulas y funciones. Se comienza con la sintaxis de la lógica proposicional. Se ofrece la definición de un lenguaje L para la lógica proposicional con la cláusula de inducción, así como la noción de fórmula bien formada. Se trabaja con los árboles sintácticos o de construcción proposicionales y se hacen ejercicios como ejemplo. Estas nociones sintácticas del lenguaje son fundamentales para entender todo lo siguiente. Los estudiantes deben ser capaces de diferenciar claramente cuando hablamos de sintaxis y cuando hablamos de semántica pues son nociones muy importantes que definen la lógica que usamos y con ellas establecemos diferentes presupuestos filosóficos. En cuanto a las funciones, comenzamos ya por las nociones de base para la determinación de una semántica veritativo-funcional. Explicamos lo que es una función, su dominio y su rango.
- La semántica de la lógica proposicional. Validez semántica. Introducimos la noción de valuación como función unaria que proyecta fórmulas sobre valores de verdad, así como la definición formal de nuestra semántica. Se explica cómo la semántica se basa en el principio de composicionalidad usando nuestras valuaciones en los arboles de construcción y creando tablas de verdad compuestas. Se trabaja también las nociones de equivalencia lógica. En cuanto a la

validez semántica, se explica la noción formalmente y se enseña a hacer las tablas de verdad para comprobar la corrección de los esquemas de argumento.

- Reducción al absurdo. Esta sesión es parte de un Ciclo de Mejora Universitaria (CIMA) de 4 horas realizado el curso 2020-2021 en la US. Comenzamos la sesión con una práctica guiada, se ofrecen tres textos a los alumnos y se les da tiempo para que saquen el esquema de argumento de ellos. Tienen que decir también si el argumento es correcto y dar razones. Los textos son del *Teeteto,* Platón. 16a-b. pp. 219-220 en [15], *Diálogo sobre los dos máximos sistemas,* Galileo, p.118 en [7] y *Elementos (IX, 20),* Euclides, p. 226-227 en [4]. La actividad sirve para explicar la diferencia entre la introducción de la negación y el método de demostración indirecto por reducción al absurdo. Todo ello lo usaremos en las tablas semánticas y lo retomaremos con la aproximación sintáctica a la inferencia, [1, 10].

- Tablas semánticas proposicional. Ahora describimos un procedimiento de prueba para determinar la validez de los argumentos con lógica clásica proposicional y una semántica veritativo-funcional. Retomando la clase anterior repasamos el método de demostración indirecto de reducción al absurdo gracias al cual vamos a poder hacer las tablas semánticas para ver si las formulas son tautologías o no. Insisto en la noción de tableaux analítico, cuando hacemos un tableaux estamos sacando los modelos posibles de esa fórmula. Sin embargo, el método no da todos los modelos, por ello cuando lo hacemos en positivo nos dan todos los modelos que la hacen verdadera, pero no los que la hacen falsa, así que no podemos saber si es una tautología. Me interesa que sepan la razón por la que hacemos los tableaux, por la que usamos los modelos, tenemos que negar la fórmula y usar un método de resolución indirecto de reducción al absurdo para que vean que este método tiene como base la lógica clásica (tercio excluso y ley de la doble negación) que luego retomaremos para explicarlo con la deducción natural.

- Deducción natural (proposicional). Nos centramos ahora en el enfoque sintáctico de la inferencia comparándolo con el semántico veritativo-funcional. Explicamos los pasos para realizar derivaciones y las presuposiciones filosóficas de un enfoque sintáctico de teoría de la prueba frente a uno semántico de teoría de modelos. Trabajamos las reglas básicas de introducción y eliminación de las conectivas. Seguidamente se plantea que con estas reglas sólo tenemos una lógica minimal y que hay tautologías de la lógica clásica que no se pueden demostrar con ellas. Para ello, tenemos que añadir las reglas del ex falso y el silogismo disyuntivo para la intuicionista y para la clásica también la doble negación y el tercio excluso. Se precisa la necesidad de una lógica clásica para usar el método de demostración indirecto de reducción al absurdo. Se explican de nuevo las equivalencias ya explicadas con una semántica veritativo-funcional, pero ahora desde una perspectiva sintáctica. Por último, se plantean los problemas de la validez sintáctica con el problema planteado por Prior y la conectiva Tonk en [16]. Con estas sesiones se pretende que entiendan los presupuestos filosóficos que tienen los diferentes métodos de demostración. No se pretende que sepan únicamente resolver los problemas formales, sino que aprendan lo que significan desde un punto de vista filosófico y sean capaces de analizarlos.

8.3. Parte II – Lógica de predicados – primer orden

- Lógica de predicados y expresiones cuantificadoras. Fórmulas. Se explica la lógica de predicados comparándola con la proposicional dada en las sesiones anteriores y con la silogística dada en la asignatura de Teoría de la argumentación (problemas de las relaciones y la cuantificación múltiple). Se comienza con ejemplos de constantes individuales y seguidamente se introducen los cuantificadores y las variables. Se explica la noción de fórmula y oración, y los árboles sintácticos o de construcción. Se dan ejercicios solo de traducción con constantes individuales y de sintaxis.
- Expresiones y sus traducciones. Después, comenzamos con las expresiones cuantificadoras y sus traducciones, es decir, ahora introducimos los cuantificadores y las variables. Se trabajan varios ejemplos y se dan ejercicios.
- Teoría de conjuntos. Es una introducción básica a teoría de conjuntos para tener las bases suficientes para poder entender la semántica de la lógica de predicados. Ya habíamos hablado de conjuntos cuando hablábamos de los dominios y rangos de las funciones. Ahora lo explicaremos con un poco más de detalle centrándonos en el principio de extensionalidad y la forma de escribir los miembros de los conjuntos, los subconjuntos y algunas operaciones básicas.
- La semántica de la lógica de predicados. Modelos. Recordamos los principios de composicionalidad y extensionalidad. Se explica la

semántica para la lógica de predicados empezando por las funciones de interpretación de las constantes individuales y se explica brevemente la interpretación por sustitución y por asignación. Como para empezar mantenemos nuestra definición de valuación, optamos por nombrar a todas las entidades del dominio y hacemos una interpretación por sustitución. Seguidamente definimos la función de interpretación para los predicados.

- Semántica por sustitución. Se plantearán problemas de semántica, definición de un lenguaje, creación de modelos, determinación de funciones de interpretación y comprobación de fórmulas verdaderas o falsas en un modelo. Seguidamente se determinará una semántica por asignación.
- Tablas semánticas para la lógica de primer orden. Introducimos las reglas ⊠ y ⊠ (liberalizada y no liberalizada) para la cuantificación. Repasamos la noción de validez en teoría de modelos y la prueba mediante reducción al absurdo.
- Deducción natural primer orden. Se trabajan las reglas de introducción y eliminación de los cuantificadores y si hay tiempo se tratan los teoremas de corrección y completitud.
- Identidad. Retomamos los problemas de la identidad ya tratados en Teoría de la argumentación en el texto de Sentido y Referencia de Frege en [21]. La idea es plantear estos problemas con unas nociones formales más fuertes para una comprensión más profunda y también más clara de los problemas de las semánticas extensionales. Describimos algunos modelos usando identidad.
- Referencia. Tratamos los problemas de la referencia explicando la teoría de las descripciones definidas de Russell y su operador iota. Si hay tiempo, nos meteremos con el artículo “On denoting” [19].

9. SISTEMA Y CRITERIOS DE EVALUACIÓN Y CALIFICACIÓN

La evaluación tiene que realizarse en función de los objetivos y el mapa de contenidos conceptuales, actitudinales y procedimentales. Así, los criterios de evaluación tienen que ir enfocados al saber hacer de los estudiantes.

- Los estudiantes deben conocer las teorías sobre el razonamiento y la argumentación correcta de una forma comprensiva. No es suficiente con saber demostrar la validez, por ejemplo, sino que tienen que ser conscientes de lo que están haciendo.

- Además de las herramientas formales, deben conocer los fundamentos filosóficos de cada una de ellas y los problemas que pueden tener desde un punto de vista formal y filosófico.
- Es fundamental la capacidad de aplicación de los conceptos, especialmente los relacionados con las disciplinas del Área y del Grado.

10. EVALUACIÓN DOCENTE E INNOVACIÓN DOCENTE-ASIGNATURA DE LÓGICA: PROBLEMAS Y SOLUCIONES

La asignatura es una asignatura obligatoria en el plan de estudios de la Universidad de Sevilla. Sin embargo, en las facultades de Filosofía en España se imparte como enseñanza básica. Esto sucede porque normalmente en un Grado en Filosofía se considera que deben de tener unos conocimientos básicos de Lógica en los dos primeros años para poder acceder a las otras asignaturas. La asignatura de Lógica nos ofrece bases como las de una comprensión de una semántica extensional, el principio de composicionalidad, manejo de la cuantificación y de los esquemas de argumento, noción de argumento válido, etc. para poder profundizar en conceptos y problemas filosóficos del área de Lógica y Filosofía de la Ciencia en particular y de la carrera de Filosofía en general. Sin esas bases, puede resultar muy complicado explicar nociones que deben de tener claras para las otras asignaturas. Además, en este curso me encuentro con un problema de dos niveles. Una parte del grupo está cursando a la vez Filosofía del Lenguaje y tiene más cercana la asignatura de Teoría de la argumentación. Mientras que otra parte de los estudiantes hace ya varios cursos que han dado Teoría de la argumentación y Filosofía del Lenguaje. Esta disparidad de niveles hace que tengas que adaptarte a dos niveles muy diferentes que ralentizan la clase por un lado o la derivan a problemas filosóficos por otro en un intento de aclarar las bases. Por ello se proponen soluciones para atacar los problemas concretos siguientes:

1. Problema de la Lógica en el Grado en Filosofía. Actualmente se imparte a la vez que Filosofía del lenguaje. Uno de los objetivos de la asignatura de Lógica es preparar a los alumnos para las asignaturas siguientes y ello no se puede realizar con esta distribución. Se propone cambiar de cuatrimestre la asignatura de Lógica para que así la tengan en el primer cuatrimestre y en el segundo Filosofía del Lenguaje. De esta forma se pueden cumplir los objetivos de la asignatura de Lógica y beneficiar a los estudiantes.

2. Doble grado en Filosofía y Derecho. Los estudiantes de derecho no tienen acceso a la asignatura de Lógica hasta cuarto por lo que las bases necesarias que comentábamos para la carrera de Filosofía, no las tienen. Además, hay que tener en cuenta que para un grado en Derecho las asignaturas de Teoría de la Argumentación y Lógica deberían de ser muy útiles, pudiendo incluso centrarse si fuera posible teniendo grupos específicos, en una argumentación jurídica. Creo que un Doble grado debería tener en cuenta estas ventajas que podrían tener los titulados e intentar solucionar los problemas de organización del plan de estudios. Mi propuesta y la de mi área es que se cambie por Historia de las Ciencias. Así Lógica se situaría en segundo en el primer cuatrimestre, seguida de Filosofía del lenguaje en el segundo en los dos Grados (Grado en Filosofía y Doble Grado en Filosofía y Derecho).

Respecto a las posibles mejoras, el área de Lógica y Filosofía de la Ciencia ya las ha manifestado. Esperamos se tengan en cuenta como proyecto de innovación docente basado en la experiencia pedagógica.

Bibliografía

[1] G. Arroyo. Reductio ad absurdum en la argumentación losóca. Revista Iberoamericana de Argumentación, 2010.

[2] C. Barés Gómez and M. Fontaine. Argumentation and abduction in dialogical logic. In L. Magnani and T. Bertolotti, editors, Handbook of Model-Base Science. Springer, 2017.

[3] F.H. van Eemeren, E.C.W. Garssen, B.and Krabbe, A.F. Snoeck Henkemans, B. Verheij y J. H.M. Wagemans. The Handbook of Argumentation Theory. Springer, 2014.

[4] Euclides. Elementos 2. Gredos, 1994.

[5] J. L. Falguera and C. Martínez. Lógica clásica de primer orden: estrategias de deducción, formalización y evaluación. Trotta, 1999.

[6] M. Fontaine and J. Redmond. Logique dialogique. Une Introduction. College Publications, London, 2008.

[7] Galileo Galilei. Diálogo sobre los dos máximos sistemas del mundo ptolemaico y copernicano. Alianza Editorial, 1994.

[8] L.T.F. Gamut. Logic, Language, and Meaning: Introduction to logic, volume I. University of Chicago Press, Chicago and London, 1991.

[9] L.T.F. (trad. C. Durán) Gamut. Lógica, Lenguaje y Significado. Introducción a la lógica. Editorial Universitaria de Buenos Aires. 2002.

[10] G. H. Hardy and C. P. Snow. A Mathematician's Apology. Cambridge University Press, 2012.

[11] L. R. Horn. A natural history of negation. CSLI Publications, Chicago, 1989–2001.

[12] S. Kripke. Wittgenstein a propósito de reglas y lenguaje privado. 2006.

[13] M. Manzano y A. Huertas. Lógica para principiantes. Alianza, 2004.

[14] A. Nepomuceno. Curso práctico de lógica. Kronos, 2002.

[15] Platón. Platón, Diálogos V. Parménides, Teeteto, Sosta , Político. Biblioteca Clásica de Gredos, 1988.

[16] A. Prior. The runabout inference-ticket. Analysis, 21(2):3839, 1960.

[17] S. Read. Thinking about Logic. An Introduction to the Philosophy of Logic. Oxford University Press, 1995.

[18] J Redmond and M. Fontaine. How to Play Dialogues. An Introduction to Dialogical Logic. College Publications, London, 2011.

[19] B. Russell. On denoting. Mind, 14(56), 1905.

[20] R. M. Smullyan. First Order Logic. Dover Publications, 1995.

[21] L. Ml. (trad) Valdés Leal. La búsqueda del signicado. Tecnos, 1991.

[22] L. Vega Reñon and P. Olmos Gómez (ed). Compendio de Lógica, Argumentación y Retórica. Trotta, 2011.

[23] J. Woods. Errors of Reasoning. Naturalizing the Logic of Inference. College Publications, London, 2013.

La asignatura de filosofía de la mente en el doble grado en derecho y filosofía

Matthieu Fontaine
Profesor Titular de Universidad

1. INTRODUCCIÓN

La filosofía de la mente es una asignatura que se cursa en el primer cuadrimestre del tercer curso de Grado en Filosofía y del Doble Grado en Derecho y Filosofía. Nos centramos en los desarrollos modernos, empezando con el dualismo de Descartes que ponemos en oposición al fisicalismo. Luego, estudiamos la dialéctica subyacente a diferentes temas a través de textos originales importantes del siglo XX.

¿Existe algo como la mente? Contestar de forma afirmativa a esta cuestión ontológica facilitaría el discurso acerca de la mente y las nociones relacionadas. En particular, la existencia de la mente explicaría cómo se puede hacer referencia a ella, llegar a conocerla, predicar propiedades de ellas. Sin embargo, esto llevaría enseguida a la difícil cuestión metafísica de definir condiciones de individuación y de identidad de algo tan intangible. Contestar de forma negativa a la cuestión ontológica ahorraría la cuestión metafísica, pero haría difícil la explicación de fenómenos que parecen relacionados con la mente, tal y como la consciencia, la percepción, el lenguaje, la racionalidad. La historia reciente de la filosofía de la mente se puede ver, en ciertos momentos, como la búsqueda de un balance en torno a esas dos preguntas. El tema de la asignatura se puede también abordar desde una perspectiva más indirecta, a través de cuestiones más específicas, como la cuestión del contenido de los estados mentales, la percepción, la racionalidad o la inteligencia artificial. Es por ello que abordamos la asignatura desde la perspectiva de un proceso dialéctico, en el que los autores plantean tesis, argumentos, objeciones, correcciones. La filosofía en general, y la filosofía de la mente es un diálogo en el que los filósofos defienden su tesis y/o critican las tesis de los demás. Es esta interacción la que permite entender la génesis de los conceptos.

Por lo tanto, la asignatura no consiste tanto en una presentación de contenidos teóricos, sino que consiste en el estudio de diferentes problemas a través del análisis de textos originales. Desde esos textos se delinean ciertas posturas filosóficas, propias de cada autor, y cómo se posicionan relativamente a corrientes dominantes, como el dualismo, el fisicalismo, el funcionalismo, entre otros. Esto nos lleva a consideraciones metodológicas: los alumnos deben aprender a identificar una problemática, a formularla y a justificarla, es decir ser capaces de explicar por qué constituye un problema filosófico relevante. En respuesta a este problema filosófico, es necesario identificar la tesis del autor y la estrategia argumentativa que lleva a la defensa de esta tesis. Luego, los alumnos deben aprender a poner el contenido del texto en una perspectiva dialéctica y confrontarlo con otros textos relevantes. Tal perspectiva permite evitar una presentación dogmática de los contenidos y entender los desarrollos conceptuales y filosóficos de forma más profunda.

Se supone que los alumnos están ya familiarizados con autores importantes de la historia de la filosofía como Platón, Aristóteles, Descartes, Hume, Kant, Husserl, entre otros. Sin embargo, es necesario hacer recuerdos sistemáticos. En una asignatura de tercer curso de filosofía, se debería suponer que los alumnos sepan algo de lógica, lo que es un argumento válido, así como principios básicos como el principio de extensionalidad. Debido a la abundancia de argumentos basados en la sustitución de los idénticos en la filosofía de la mente, el ultimo es particularmente importante para entender de qué se trata. Sin embargo, nos enfrentamos a un grupo heterogéneo debido a que los alumnos del grado en filosofía cursan lógica en segundo y los alumnos del doble grado en filosofía y derecho en cuarto. Obviamente, resulta muy difícil comentar un argumento o identificar una interacción dialéctica sin ese requisito mínimo de lógica.

2. TEMA 1. DUALISMO CARTESIANO

Según el dualismo de René Descartes, la mente es irreducible a otra cosa, en particular el cuerpo. En el dualismo cartesiano, la *res cogitans* y la *res extensa* son dos sustancias que no comparten nada, pero que pueden interactuar. El problema al que nos enfrentemos es entonces la cuestión de saber cómo dos sustancias radicalmente distintas pueden influir una en la otra. Descartes propone la tesis de la glándula pineal, que realmente no soluciona nada. Sobre la distinción mente-cuerpo, estudiamos dos textos.

[Texto 01] Descartes (1641/1977: 65-66): Texto de la meditación sexta donde se encuentra el argumento según el cual puedo concebir clara y distintamente que existo sin mi cuerpo. Este argumento puede analizarse como un *reductio ad absurdum* de la identidad entre el Yo pensante y el cuerpo. Sin embargo, supone una sustitución de los idénticos en el alcance del verbo "concebir", por lo cual no es válido.

[Texto 02] Descartes (1641/1977: 71-72): Texto de la meditación sexta donde se encuentra el argumento según el cual mi cuerpo tiene partes y es divisible, al contrario de mi espíritu. Este argumento también involucra una sustitución de los idénticos. Sin embargo, aquí podemos criticar la premisa según la cual mi espíritu no es divisible.

El problema de la unión mente-cuerpo queda sin resolver en la filosofía de Descartes. Esto reenvía al problema filosófico más general de la causalidad. ¿Cómo pueden interactuar si la mente no está en el espacio? Si la mente es indivisible, ¿cómo podría entrar en contacto con algo (una parte del cuerpo) sin confundirse con ello? Una dificultad consiste en concebir que la mente pueda formar parte de relaciones causales. Parece ser que nos encontramos frente a una alternativa: no existe la mente o la mente ha de reducirse a lo físico.

3. TEMA 2. EMPIRISMO

El filósofo escoces David Hume plantea objeciones a la idea cartesiana del Yo desde una perspectiva empirista. No encontramos el origen de la idea del Yo o de la identidad personal en la experiencia, por lo cual no corresponde a ninguna realidad empírica. Es una ficción que construimos con la cual relacionamos el flujo constantemente cambiante de las percepciones. Leemos el siguiente texto de Hume:

[Texto 03] Hume (1739/2001: 190-8): Este tema es la ocasión de retomar las grandes líneas de la filosofía empirista de Hume. Efectivamente Hume menciona el *cogito* de Descartes como supuesta prueba de la existencia del Yo y pregunta: ¿de qué impresión puede derivar la idea? Justificamos la relevancia filosófica de esta pregunta con relación a dos principios fundamentales del empirismo de Hume. El principio empírico según el cual existen dos tipos de percepciones: impresiones e ideas; tal que una idea es siempre la copia de una impresión. Los dos tipos de percepciones se distinguen simplemente en términos de su grado de vivacidad. Luego, se aplica un principio epistémico: para saber si una idea es verdadera, debe corresponderle una impresión. Si la idea es compleja, la descomponemos y sus partes deben corresponder a impresiones simples. Las ideas se combinan para formar ideas complejas según principios de asociación de ideas. Es en este contexto que Hume muestra que ninguna impresión corresponde a la idea del *cogito,* del Yo, o de la identidad personal: "El espíritu es una especie de teatro donde varias percepciones aparecen sucesivamente, pasan, vuelven a pasar, se deslizan y se mezclan en una infinita variedad de posturas y situaciones." (191)

4. TEMA 3. FISICALISMO

Otra forma de solucionar el problema de la causalidad mente-cuerpo es disolverlo, reduciendo lo mental a lo físico. Aquí, nos enfocamos en un argumento muy comentado en la filosofía de la mente: el argumento del cierre causal. Nos referimos a diferentes versiones, que podemos encontrar en la literatura.

[Texto 04] Papineau (2004: 16-18): Se puede comparar este argumento con versiones anteriores que encontramos por ejemplo en Papineau (1993)

A pesar de las diferentes versiones, el argumento tiene una forma general que se puede representar mediante tres premisas y una conclusión:

(P1) Principio del cierre causal del físico.

(P2) Principio de la causación psicofisiológica.

(P3) Principio de la no sobredeterminación causal.

(C) Identidad estados mentales-estados físicos.

Comentamos las premisas y explicamos cómo implican la conclusión. Un interés para los alumnos es que (P1) reenvía a la discusión filosófica sobre la causalidad, en particular de cada evento tiene una causa. Se comenta con relación al problema de Hume y las categorías de Kant en la *Critica de la razón pura.* Se distinguen también diferentes concepciones de la noción de "causa" y su diferencia con la noción lógica de "condición". La premisa (P2) es intuitiva. La premisa (P3) es más compleja: se trata de explicar que lo que establecemos como causa ha de hacer una diferencia. Este principio tiene implicaciones más allá de la filosofía de la mente, ya sea en filosofía de las ciencias o en derecho, por ejemplo. Efectivamente, la no sobredeterminación es una condición que ha de estudiarse para establecer la responsabilidad y la culpabilidad de un agente.

Supongamos, como suele ser el caso, que el dolor es la excitación de la fibra nerviosa C. Supongamos que alguien no tiene fibra nerviosa C —quizás por tener fibras sintéticas después de una cirugía plástica reparadora. ¿Puede tener dolor? Es una cuestión compleja, que lleva a ciertos refinamientos a lo largo de la asignatura— en particular a través de la lectura del texto de Lewis (1983:122-130) en el tema 7.

5. TEMA 4. MONISMO ANÓMALO

Estudiamos un texto de Donald Davidson en el que se plantea una tesis bastante difícil de entender para los alumnos, pero que tiene implicaciones interesantes para los alumnos del doble grado en filosofía y derecho acerca de la autonomía kantiana, acerca de las cuestiones relatividad a la supuesta incompatibilidad entre libertad y determinación natural.

[Texto 05] Davidson (1970/1981):

Debido a la dificultad del texto, esta sesión consiste en una lectura minuciosa, con explicaciones de los conceptos importantes. El monismo anómalo plantea un monismo ontológico, es decir que reconoce sólo una realidad, pero un dualismo categorial que tiene que ver con nuestra forma de describir los sucesos. Los mental presenta una anomalía porque no cae bajo leyes nomológicas. Además de sus aspectos técnicos, el texto es interesante porque presenta otra forma de hacer filosofía, con relación a conceptos de la filosofía, y permite introducir conceptos más técnicos como las nociones de intencionalidad, de superveniencia (y de dependencia ontológica).

6. TEMA 5. CONDUCTISMO

Con el conductismo, la discusión se sitúa a un nivel epistemológico, es decir con relación a la cuestión de las evidencias, más que a nivel ontológico. El conductismo psicológico encuentra sus raíces en los trabajos de Pavlov (1928), Watson (1913), y más recientemente de Skinner (1974), entre otros. Según los conductistas, las únicas evidencias que tenemos acerca de los supuestos estados mentales es a través de las conductas, ya sea en cuanto a los estados de los demás o nuestros propios estados. Por lo tanto, debemos enfocarnos en el estudio de cadenas estímulo-respuesta. En cuanto a su recepción en el ámbito de la filosofía de la mente, encontramos diferentes tipos de argumentos, que estudiamos de forma detallada a través de los tres textos siguientes.

[Texto 06] Hempel (1935): El texto de Hempel permite hacer la conexión con el empirismo lógico, un tema que se trata en otras asignaturas como filosofía del lenguaje y filosofía de la ciencia. Siguiendo la metodología de la tradición analítica, inspirada por el aforismo 4.024 de Wittgenstein (1921/2008), un enunciado empírico tiene sentido si podemos explicitar sus condiciones de verdad, incluso para los enunciados cuyo contenido involucra estados mentales. De lo contrario, tendríamos pseudo-enunciados, absurdos. La estrategia de Hempel consiste en reducir el lenguaje psicológico a un lenguaje físico que se puede comprobar a través de las conductas.

[Texto 07] Ryle (1949/2005): Ryle considera que la dualidad cartesiana se fundamenta en un error categorial. Su tesis se fundamenta en una objeción al *cogito* cartesiano, que llama "el mito del fantasma en la maquina". Se opone al método introspectivo: No se puede atribuir estados mentales a los demás sobre la base de nuestros propios estados, si no, el significado de los conceptos mentales sería totalmente privado y no permitiría comunicar nada objetivo. Por lo tanto, atribuir estados mentales a los demás es atribuirles una disposición a ciertas conductas.

Esas propuestas se enfrentan a varios tipos de objeciones. Por una parte, el conductismo de Hempel considera el significado en términos veritativo-condicionales, que ignora la manifestación del significado en las conductas lingüísticas de los hablantes. Por otra parte, apelar como Ryle hace a disposiciones es sólo posponer el problema: queda por definir la noción de disposición, sin estar seguro, además, de que solucione algo. Llegamos así a la paradoja de Wittgenstein y su respuesta en cuanto a las atribuciones de estados mentales en tercera persona.

[Texto 08] Kripke (1982/2006: 125-154): El texto de Kripke, también conocido como el "Kripkenstein", es una presentación asequible de la paradoja de Wittgenstein. Kripke también plantea objeciones a la posibilidad de una explicación disposicionalista. En fin, aplica la paradoja y la respuesta escéptica a las atribuciones de estados mentales.

Este tema es particularmente interesante para los alumnos del doble grado en filosofía y derecho. El último texto plantea además profundas dificultades acerca de la normatividad, a través de la paradoja de Wittgenstein. Los temas que se tratan aquí se pueden conectar con la cuestión de cómo determinar la intencionalidad de los actos y la responsabilidad de los agentes, con relación al texto de Anscombe (1963) por ejemplo. Sin embargo, la falta de formación en lógica impide entender bien todos los entresijos de las tesis involucradas. En particular, como lo resalta el tratamiento de la intencionalidad del acto por parte de Anscombe, "causar" se puede analizar a nivel extensional, mientras "causar intencionalmente" es seguramente intensional. Esto, los alumnos del grado de filosofía que han cursado lógica lo entienden fácilmente. Mientras los alumnos del doble grado de filosofía y derecho no tienen casi ningún recurso para ni siquiera identificar el problema.

7. TEMA 6. FUNCIONALISMO

El funcionalismo es una teoría compatible con ciertos (pero no todos los) tipos de fisicalismo y de conductismo, intentando caracterizar los estados mentales en términos de su papel causal en las conductas. Empezamos con la tesis de Putnam, para después desarrollar la discusión en el contexto más amplio de la teoría de la identidad psicofísica que defiende Lewis (1999).

[Texto 08] Putnam (1967/1981): En este texto, Putnam define el ser humano como un "autómata no probabilístico". Se entienden los estados mentales como estados "software" de un ordenador. Hay entradas sensoriales (*inputs*), tratamiento de la información, salida motoras (*outputs*). Se identifican los estados mentales con el papel causal que juegan en este sistema.

Se puede aprovechar la lectura del texto para explicar lo que es una máquina de Turing, con referencia a Turing (1936), e iniciar el debate sobre la posibilidad de la inteligencia artificial. Se puede también plantear la cuestión más general de la posibilidad de los estados mentales de agentes no humanos, acerca del dolor de los animales, por ejemplo, lo que puede tener repercusiones interesantes para los alumnos del doble grado de filosofía y derecho. No sólo los animales tienen fibra C, sino que podemos también definir el papel causal que jugarían estados de dolor en sus conductas. Esta cuestión nos reenvía otra vez a la teoría de la identidad psicofísica y cómo debemos entenderla.

8. TEMA 7. TEORÍA DE LA IDENTIDAD PSICOFÍSICA

Nos encontramos ahora en un momento de la asignatura en el que es conveniente tomar distancia, reflexionar y plantear preguntas más específicas sobre las diferentes corrientes que se han presentado. En particular, se cuestionan las conexiones entre fisicalismo, conductismo y funcionalismo. Autores como Lewis defienden posturas que no encajan en ninguna de ellas, pero que, a través de un aparato conceptual sofisticado, se sitúan en el interfaz entre varias de ellas. Partimos de la siguiente pregunta: "¿Es la supuesta identidad mente-cuerpo necesaria o contingente?" El objetivo no es tanto plantear una respuesta, sino ver estrategias de respuestas y a lo que comprometen. Se aprovecha esa discusión para introducir nociones como la distinción entre tipo y casos (*token*). Los siguientes textos permiten estudiar la dialéctica del problema a través de los argumentos de Lewis y de Kripke.

[Texto 09] Lewis (1966/1984)

[Texto 10] Lewis (1983: 122-130)

[Texto 11] Kripke (1980: 138-151)

Volvemos a la cuestión del dolor del Marciano. ¿Puede alguien que no tiene fibra nerviosa C sentir dolor? Dos preguntas técnicas se plantean. ¿Es la identidad necesaria o contingente? En la teoría de la identidad psicofísica, ¿hablamos de una identidad de tipos o de casos? Según Kripke, si identificamos el dolor al estado físico, la identidad ha de ser necesaria. Dado que el marciano puede sentir dolor, la identificación no es necesaria. Por lo tanto, no hay identidad psicofísica. Lewis defiende lo contrario, basándose en una teoría de la identidad contingente y una combinación del fisicalismo y del funcionalismo. A nivel metodológico, la diferencia se fundamenta en conceptos desarrollados en el contexto de las lógicas intensionales. Los argumentos de Kripke se fundamentan en la tesis de los designadores rígidos, es decir que las condiciones de verdad de los enunciados modales se dan relativamente a una estructura de mundos posibles en los que la referencia de los nombres propios es siempre la misma. De allí el requisitito de la necesidad de la identidad. Esto es precisamente lo que rechaza Lewis y lo que le permite plantear una solución que combina el fisicalismo y el funcionalismo. A pesar de que para nosotros el dolor sea la excitación de la fibra C, no tiene por qué serlo para el Marciano. El Marciano puede tener estados mentales identificados con otros estados físicos que juegan el mismo papel causal que nuestro dolor, por lo cual puede sentir dolor.

A pesar de su interés para los alumnos del doble grado de filosofía y derecho, este debate tiene presupuestos e implicaciones lógicas, lingüísticas y epistemológicas que no están a su alcance. Mientras resulta accesible, aunque ciertamente difícil, para los alumnos del grado de filosofía, la falta de formación formal de los alumnos del doble grado de filosofía y derecho les obliga a quedar al margen de ciertos debates y les impide entender plenamente lo que está en juego aquí.

9. TEMA 8. CRITICA DE LA PSICOLOGÍA POPULAR

Lewis (1999: 5) se reivindica la psicológica popular (*folk*) según la cual los papeles causales serían como conocimientos comunes, adquiridos a lo largo de la evolución humana. Esta forma de concebir la psicología ha sido el blanco de ataques virulentos por parte de Churchland, por ejemplo, defensor de otro tipo de materialismo: el materialismo eliminativo. Es una postura que abordamos a través del siguiente texto.

[Texto 12] Churchland (1981/1995): Según Churchland, la psicología popular pretende hacer predicciones y dar explicaciones de la conducta humana aplicando supuestas leyes causales, pero que finalmente no explican nada. Se habla de psicología popular porque suele basarse en un conjunto de leyes que constituyen algo como un conocimiento común, compartido por la comunidad. Hay que abandonar la psicología popular, de la misma forma que se han abandonado en las ciencias modernas la brujería o la alquimia, y remplazarla por las neurociencias.

10. TEMA 9. ESTADO CONSCIENTE

En los precedentes temas, no hemos tratado la cuestión del contenido consciente de los estados mentales. ¿Realmente podemos ahorrarnos este aspecto? Es la cuestión que planteamos con relación a dos textos.

[Texto 12] Nagel (1974/2000)

[Texto 13] Locke (1690/2005: 375; Libro II, Capitulo XXXII, §15)

En el texto de Nagel, se muestra que no importa cuál sea la explicación que demos de los estados mentales, no se puede explicar lo que se siente al ser un murciélago. Hay una experiencia subjetiva e irreducible de la que nunca podríamos dar cuenta. Tal experiencia subjetiva e irreducible se encuentra también en el texto de Locke, donde se plantea lo que se suele comentar como "el argumento del espectro inverso". Más allá de esos textos, se puede preguntar en qué medida esos argumentos son compatibles con las corrientes que ya hemos presentado. Se desarrolla el tema con relación a nociones de la filosofía como la de *qualia, sense-datum,* representación, etc., así como con su carácter privado y la dificultad de definirlas.

11. TEMA 10. EXTERNISMO

En la tesis externista de Putnam, se toma una posición totalmente contraria a la determinación de los estados mentales en términos de papel causal o de contenido subjetivo consciente. Según esta postura, que estudiamos a través de la lectura del texto siguiente, el contenido de los estados mentales está determinado por el entorno externo de los agentes.

[Texto 14] Putnam (1973/2005): En este artículo de Putnam se encuentra el experimento mental muy conocido de la Tierra Gemela. Basándose en la tesis de los designadores rígidos de Kripke (1980/2005), Putnam defiende la tesis según la cual lo que determina el contenido de un estado mental, es el objeto externo hacia el que se dirige realmente. Por ejemplo, sean dos moléculas H2O y XYZ. La primera es la referencia de "agua" sobre la Tierra. La segunda es la referencia de "agua" sobre la Tierra Gemela. Ahora, supongamos un terrícola, Oscar, y su contraparte, Oscar2, en la Tierra Gemela. Cuando Oscar tiene sed, quiere beber H2O. Cuando Oscar2 tiene sed, quiere beber XYZ. Por lo tanto, sus estados mentales cuando tienen sed no tienen el mismo contenido. Y esto no depende del contenido consciente o del conocimiento de los agentes. "Agua" refiere a H2O en la Tierra independientemente del conocimiento de los terrícolas. Hubiera referido a H2O incluso si nunca hubiera sido descubierto. Lo mismo vale de "agua" y XYZ.

Otra vez, tenemos aquí una tesis importante y muy comentada de la filosofía de la mente. Sin embargo, sin una formación lógica previa, es muy difícil entender a qué comprometen los argumentos de Putnam, con relación a la distinción kripkeana de las modalidades, el realismo y el esencialismo en particular.

12. TEMA 11. PERCEPCIÓN

En este tema, abordamos cuestiones de filosofía de la mente desde la perspectiva de la percepción. Empezamos con una pregunta aparentemente simple: ¿qué significa ver algo? La tratamos a través de la lectura de cuatro textos.

[Texto 15] Ayer (1940: ch. 1): En este texto se encuentra el argumento de la ilusión a favor de la distinción entre el objeto interno y el objeto externo, o entre el *sense-datum* y el objeto real. También se encuentran versiones del argumento en textos anteriores como Russell (1912). Efectivamente, cuando uno ve una moneda bajo una cierta perspectiva, la ve elíptica en lugar de verla circular. Sin embargo, ¿no supone este argumento cierta circularidad? Es decir, ¿no supone la distinción entre el objeto real y el *sense-datum* circular en lugar de demostrarla? El carácter oscuro de los *sense-data* pone a prueba los límites del empirismo y del realismo, no sólo en filosofía de la mente, sino también en la filosofía del lenguaje de Russell.

[Texto 16] Dretske (1969: 77 sigs.): El análisis de la distinción entre "ver" y "ver que" muestra una diferencia entre lo que se ve simplemente y lo que resulta de un juicio perceptual. Este texto es pretexto a comentar la posibilidad de experiencias preceptivas que no sean conceptuales y que no involucran ningún tipo de juicio. Mientras según Kant nuestras experiencias sensibles aparecen bajo el filtro de las categorías, autores como Tim Crane (1992) defienden la posibilidad de un contenido no conceptual. Por ejemplo, ver que el sol está brillando no supone que el agente tenga los conceptos de *sol* o de *estar brillando* y que se pueda descomponer su estado perceptivo en esos términos.

[Texto 17] Grice (1977/1985)

[Texto 18] Lewis (1980)

Se confrontan esos dos textos. Según la teoría causal de la percepción que encontramos en Grice (1977/1985), la percepción involucra una relación causal entre un sujeto y un objeto o un estado de cosas. El contenido del estado de percepción debe, además, coincidir de forma adecuada con la causa de la percepción. Lewis (1980) desmonta esta propuesta a través de una serie de experimentos mentales.

El texto de Lewis presenta el interés de plantear cuestiones metodológicas acerca de la construcción de una buena definición. Muestra, por ejemplo, que las condiciones de Grice & White no son ni suficientes ni necesarias para decir de alguien que ve. Plantea también la dificultad de proponer una definición que sea demasiado incluyente, o de lo contrario demasiado excluyente. Aunque los experimentos mentales de Lewis involucran procesos que no parecen estándares, no se pueden excluir, con riesgo de tener que excluir dispositivos protésicos.

Se relaciona el problema con otras dificultades que se han comentado en cuanto a la identidad psicofísica, el funcionalismo, etc. (por ejemplo, la posibilidad del dolor del marciano o un dolor protésico). También se conecta con la cuestión de las conductas y del contenido consciente de los estados mentales a través de la discusión de experimentos como el conocido experimento del *blind sight* (la vista ciega) descrito por Weiskrantz (1986) en el que el sujeto recibe información visual en zonas ciegas de su campo de vista, donde pretende no ver.

13. TEMA 12. INTELIGENCIA ARTIFICIAL

Este último tema que abordamos consiste en iniciar una reflexión sobre la posibilidad de la inteligencia artificial y la presentación de problemas bien conocidos. El problema se puede ver desde dos perspectivas. Por una parte, debemos preguntarnos qué es la inteligencia, en particular la inteligencia humana. Esto nos lleva a la cuestión, por ejemplo, de saber si debemos determinar la inteligencia relativamente a la racionalidad. Luego, ¿en qué consiste ser racional? La racionalidad puede involucrar diferentes formas de razonar. ¿Son todas relevantes para definir la inteligencia? Relativamente a ciertas situaciones, es a veces más adecuado actuar de forma instintiva que razonar. Por otra parte, debemos preguntarnos si esas formas de caracterizar la inteligencia se pueden aplicar a seres y objetos no humanos, y por lo tanto si se puede hablar de inteligencia artificial. Aquí, nos apoyamos sobre el siguiente texto:

[Texto 18] Searle (1980): Searle hace la distinción entre dos conceptos de inteligencia artificial: la débil y la fuerte. El primero admite que se pueden simular y modelizar ciertos aspectos de las conductas inteligentes humanas. La segunda admite que una maquina podría pensar, literalmente, sólo a través de la ejecución de ciertos programas.

Se suele plantear esta pregunta con relación a la prueba de Turing (1950). A la hora de escribir este artículo, ChatGPT (3.5) reconoce que no ha superado la prueba: "Si bien los modelos GPT como ChatGPT son muy avanzados en comprensión y generación de lenguaje natural, aún tienen limitaciones y no se considera que hayan pasado la Prueba de Turing en el sentido tradicional." En el conocido experimento mental de la habitación china, Searle (1980) defiende la posibilidad de una máquina de superar la prueba de Turing sin la comprensión necesaria de lo que caracterizaría en cierto modo la inteligencia. Lo que le falta a la maquina sería la semántica, la intencionalidad, y por último la conciencia. Otros problemas se pueden mencionar, como por ejemplo el problema del marco (McCarthy & Hayes (1969)) o problemas de orden ético como el dilema del tranvía (Thomson (1976)).

14. CONCLUSIÓN

La filosofía de la mente consta de temas interesantes para el doble grado en filosofía y derecho. Sin embargo, mientras los alumnos de filosofía suelen interesarse más por cuestiones directamente metafísicas y ontológicas, el interés para el alumnado del doble grado podría residir en asuntos relacionados y a nivel de la metodología involucrada. El hecho de tener los dos grupos en una misma clase hace que resulte difícil operar ciertas elecciones en cuanto al contenido. Podríamos orientar la asignatura hacia cuestiones de orden más éticas o morales, involucrando nociones como la intencionalidad, acción, responsabilidad, culpabilidad, causalidad, pero eso supondría sacrificar otros contenidos importantes para los alumnos del grado en filosofía.

Por otra parte, la mayor dificultad encontrada tiene que ver con la falta de formación en lógica de los alumnos del doble grado en filosofía y derecho. Desde el siglo XX, la filosofía de la mente, la filosofía del lenguaje y la lógica están estrechamente relacionadas. Como ya lo hemos mencionado, cuestiones de sustitución de los idénticos y de identidad, que se relacionan con el principio de extensionalidad y el problema de la intensionalidad, son presupuestos en muchos de los argumentos. Una comprensión de los asuntos supone un conocimiento de conceptos y herramientas formales que no tienen los alumnos del doble grado, dado que cursan lógica sólo en cuarto. Seguramente, esta dificultad no es propia a la filosofía de la mente y al giro analítico del siglo XX. Tampoco se puede considerar como una excentricidad de los lógicos modernos. Sin diálogo, sin argumentación, sin lógica, no hay filosofía. Es algo de lo que, desde la filosofía antigua, en particular Platón y Aristóteles, pero también en la filosofía medieval, no podemos prescindir.

En asignaturas como la filosofía de la mente, cuando se abordan temas de orden más metafísicos, la producción del contenido filosófico resulta de una interacción dialéctica entre los diferentes autores. Se consigue a menudo desarrollar destrezas de problematización, de conceptualización y de expresión con los alumnos que participan activamente en la asignatura. Pero con alumnos que son a veces incapaces de identificar argumentos, sus presupuestos, sus implicaciones y evaluarlos, no se puede aprovechar plenamente de la formación que se pretende ofrecerle. Por lo tanto, a modo de propuesta para la mejora docente del centro, es imprescindible, antes que nada, reorganizar las asignaturas de formas que los alumnos del doble grado en filosofía y derecho puedan disfrutar de herramientas formales que les permitan alcanzar metas básicas de una formación en filosofía.

Referencias

Anscombe, G.E.M. 1957. *Intention.* Oxford. Blackwell.

Ayer, A.J. 1940. *The Foundations of Empirical Knowledge.* London. MacMillan.

Churchland, P.M. 1981/1995. "El materialismo eliminativo y las actitudes proposicionales". En Rabossi (1995): 43-68.

Crane, T. 1992. The Nonconceptual Content of Experience. En T. Crane (ed.) *The Contents of Experience.* Cambridge University Press: 136-157.

Davidson, D. 1970/1981. *Sucesos mentales.* Trad. de Valdivia. México. Cuadernos de Critica. IIF.

Descartes, R. 1641/1977. *Meditaciones metafísicas.* Trad. de Vidal Peña. Alfaguara. Madrid: 71-72.

Dretske, F. 1969. *Seeing and Knowing*: London. Routledge.

Grice, H.P. 1977/1985. *La teoría causal de la percepción.* Trad. de Caso. Cuadernos de Critica. IIF.

Hempel, C.G. 1935. Analyse logique de la psychologie. *Revue de Synthèse* 9-10: 27-42.

Hume, D. 1739/2001. *Tratado de la naturaleza humana.* Trad. de Viqueira. Albacete. Libros en la Red: 190-8.

Kant, I. 2005. *Critica de la razón pura.* Trad. de Ribas. Madrid. Taurus.

Kripke, S. 1982/2006. Wittgenstein. A propósito de reglas y lenguaje privado. Trad. de Rodríguez Marqueze. Tecnos. Madrid: 125-54.

Kripke, S. 1980/2005. El Nombrar y la Necesidad. Trad. de M. Valdés. México. UNAM.

Lewis, D. 1966/1984. *Un argumento en favor de la teoría de la identidad.* Trad. de Villanueva. México. Cuadernos de Critica. IIF.

Lewis, D. 1983. Mad Pain and Martian Pain. In D. Lewis, 1983, Philosophical Papers (I). NY. OUP: 122-130.

Lewis, D. 1999. *Papers in Metaphysics and Epistemology.* Cambridge: Cambridge University Press.

Lewis, D. 1980. Veridical hallucination and prosthetic vision. *Australiasian Journal of Philosophy* 58(3): 239-49.

Locke, J. 1690/2005. *Ensayo sobre el entendimiento humano.* Trad. de O'Gorman. México. Fondo de Cultura Económica.

McCarthy, J. & Hayes, P.J. 1969. Some Philosophical Problems from the Standpoint of Artificial Intelligence. En D. Michie y B. Meltzer (eds) *Machine Intelligence* 4. Edinburgh. Edinburgh University Press: 463-502.

Nagel, T. 1974/2000. *Ensayos sobre la vida humana.* Trad. de Valdés. México. Fondo de Cultura Económica: 274-293.

OpenAI. 2024. *ChatGPT* (3.5, 03/2024)

Papineau, D. 1993. *Philosophical Naturalism.* Oxford. Blackwell.

Papineau, D. 2004. *Thinking about Consciousness.* Oxford. Clarendon Press.

Pavlov, I. 1928. *Lectures on Conditioned Reflexes.* London. OUP.

Putnam, H. 1967/1981. La naturaleza de los estados mentales. Trad. de Valdés. México. Cuadernos de Crítica. IIF.

Putnam, H. 1973/2005. Significado y Referencia. Trad. de Valdés Villanueva. En Valdés Villanueva (ed.) *La búsqueda del significado.* Madrid. Tecnos: 152-163.

Rabossi, E. (ed.) 1995. *Filosofía de la mente y ciencia cognitiva.* Barcelona. Páidos.

Ryle, G. 1949/2005. *El concepto de lo mental.* Trad. de E. Rabossi. Paidós. Barcelona.

Searle, J. 1980. Minds, Brains, and Programs. *Behavioral and Brain Science* 3: 417-24.

Skinner, B. 1974. *About Behaviorism.* New York. Alfred A. Knopf.

Thomson, J.J. 1976. Killing, Letting Die, and the Trolley Problem. *The Monist* 59(2): 204-207.

Turing, A.M. 1937. On Computable Numbers, with an Application to the Entscheidungsproblem. *Proceedings of the London Mathematical Society* s2-42(1): 230-265.

Turing, A.M. 1950. Computing Machinery and Intelligence. *Mind* 59: 433-60.

Watson, J. 1913. *Psychology as the Behaviorist Views It. Psychological Review* 20(2): 158–177.

Weiskrantz, L. 1986. *Blindsight: A Case Study and Implications.* Clarendon. Oxford.

Wittgenstein, L. 1921/2008. *Tractatus Logico-Philosophicus.* Trad. de Valdés Villanueva. Madrid. Tecnos.

Wittgenstein, L. 1953/1999. *Investigaciones Filosoficas.* Trad. de García Suárez y Moulines. Barcelona. Altaya.